Easy Quick
EQ028

陳哲毅教您
取好名開福運

GOOD NAME

中華聯合五術團體總會會長
陳哲毅◆著

賜序：基隆普化警善堂正主席關聖帝君

民國九十二年正月廿四日下午三點降

基隆普化警善堂正主席關聖帝君降：

詩曰：陳述命學藏玄機
哲理眞詮妙上奇
毅恆精悟天地數
名揚五術樂安居

夫，觀千劍然後識器
聞千曲而後知音

姓名文字的創立是先賢、聖人智慧哲學思想文字藝術與智慧的結晶，因姓氏是人類血緣關係的標誌，姓名文字學更淵源於我中國古代文化之國粹，其姓名學之文字用法以及姓名學之用字藝術領域，是一種外在美與內在美的結合。

每一個字義都蘊藏著宇宙五行、天地陰陽、生剋制化，其姓名文字在整體思維中，包兼融了象、數、理、氣、運等各角度之易學體系。

其間姓名文字藝術博大而精深，其姓名文字學之真精神在於其哲理更蘊涵妙藏天文、理數、卦象、生成、數理、靈動、八字、喜神、音韻五行、刑沖會合、易學元教、宇宙萬物陰陽數理之組合離散，其義理之玄奧，浩瀚無邊，深不可測，其一字有一字之涵義，一字有一字之天機。

因姓名文字之美聲、造形、抒情、去向、兼具有姓名文字義形上之義美、文字音色上的音美，文字形象上之形美，文字文辭上之辭美以及文字用詞上智趣美，亦可藉其姓名文字學來表達命名藝術之功能。

因而可以得知姓名文字藝術學，是先賢聖哲的用字文化哲學思想，其中可以領悟體會文字學對姓名學的道理性以及真正的涵義。

其姓名文字之三才五格行運盛衰、生剋制化、數理、命理、字理、卦象兼合著文字易數靈動玄機，其文字之動靜、文武、剛柔、字理、字義、字形之構造玄奧，必要前呼後應，相輔相成。

因姓名文字藝術學不但具「體」、「用」之合理性，驗證性以及紮實的應用性，其姓名文字的用法是經過歷史逐步累積傳承嬗遞流傳下來的。

今喜陳生哲毅，天資聰穎，集古今命學之精義，窮究至理，串連鉤貫交互為用，釋闡姓名文字五行、生剋制化、心物並用之法則。

配合陰用陽朝，陽用陰應，變通時趣，體悟命學整體精義，高度運用精義註解，實例說明，精參字理論點，揣摩姓名文字玄機涵義，考究命局特徵、性向、運用交互為用，融通剖析、循序漸進、鑽研瓶頸，把握癥結，並高度的運用姓名法則。

能以姓名聽覺、能以姓名視覺，更以姓名的科學思想與方法，實踐法則有計劃、有層次、有系統、有步驟、改進發明、配合象、數、理之生物、科學、物理、學術，琢磨細心領悟體會。

開闢命理啟蒙，並改進發明、研習命學計劃方案，札記精要，擷取先賢真知灼見，打通姓名文字學之迂迴管道，實事求是，精益求精。

突破創新、求變、活學活用、分門別類、觸類旁通、比較分析、廣藉資料、整理彙篇、測覽精要、不沉古拘今、不迂迴老道、不墨守成規、不刻舟求劍、以求新求變，去其俗蔽之古論，不呆板拘執，小心印證，大膽求知。

並更深入的剖析闡釋姓名文字學與生肖互動之體用關係，擴大知識領域，慎研陰陽五行，覓尊命學真髓，點醒迷津，將過去已過時境，不合時宜之雜詞陋論，怪誕不經，揑造別名，荒誕異論，泛濫舊例，逐步刪訂循序漸進，反覆思考體會精義，痛下工夫，精悟錯誤百出古例的錯解，無稽的神煞，並深刻的解剖姓名文字學的神秘面紗，不局限在狹窄的框框裡。

突破觀念，參透陰陽，拓展視野，驗證事實，以歸納演繹、統計、知其變通、嫻熟應變、細密的檢討、通曉訣竅、跳脫出狹幅空間、加強開端理念、層序分明、井然有序、去蕪存菁、文字淺顯、深入淺出、不斷章取義、打通鑽研、姓名學之困難瓶頸，串連姓名學之關鍵要義。

進取新思潮，走向新途徑，學以致用、溫故而知新，加強求知、求新、求精、排除障礙、發掘問題、解決問題、研究問題、超越命學古老的思想，積極的尋求驗證姓名真理。

更兼籌細顧現代化的溝通思想、結合、融合匯成有組織性、有計劃性、全盤性、分門別類、添補新法、廣泛蒐集、引伸融通、突破創新命理學的原理法則，俾使提升姓名文字學之主流學術地位，共同攜手開闢研著姓名命理、命學、姓名、文字之新途徑，以期命學達到「精」、「準」、「確」之境界，展現姓名學歷史的新頁，並為命學改革大業樹幟一盞明燈，俾使薪火相傳啟開命理之原理與法則。

今陳生哲毅絳帳傳授，見解高超，推命神驗，佳評如潮湧，編撰《陳哲毅教您取好名開福運》，主題壯闊，導引趨吉避凶，納吉氣，祈福吉祥，化開一兇神歲煞、勞碌奔波、刑剋六親、天羅地網、防患太歲、兇星、職業不測、楣運連連、橫逆官非、開竅智慧、護佑考期、天機妙訣、內容豐富，其嘉惠大衆、造福人群、可為預卜，特於出書付梓之際，深感其用心真摯，點綴數言，謹以為序。

推薦序

華人全球商業股份有限公司
總經理　嚴立行

孔子說：「聞其名知其性」，姓名猶如個人的符號、品牌，與人如影隨形的文字，這其中涵蓋了人生中無限的潛能。一個好的名字，除了對人的運途有加分的作用，姓名當中字與數的磁場，因為叫久了自然產生靈動力，對個人的個性、人際關係、仕途財運、甚至六親的互動都有深遠的影響。

坊間傳統的姓名學理論，大體上可分為(1)筆劃派(2)三才五格派(3)補八字派(4)納音天運派(5)姓名配卦派(6)12生肖派(7)形音義派等。中國擇日師協會理事長陳哲毅老師以獨到的見解，將五術裡的易卦、八字、陰陽、五行生剋、天運等學說加以融會貫通，衍生出新觀念姓名學、直斷式姓名學及比較式姓名學的三種架構。今以無私的態度將所學及歷年的經驗實證裝輯成冊──《陳哲毅教您取好名開福運》，相信能讓閱讀大眾與有心學習的讀者更容易獲得姓名學的入門訣竅。

有鑒於時代空間的改變，無線行動及網際網路儼然成為現今最具效率化的工具，不僅克服時間與空間的侷限，以最快速便捷的方式，提供普羅大衆完整的資訊，而人類對此運作模式的依存將會提高。所以陳理事長於 2003 年正式與全球最具規模的命理資料庫──占卜大觀園 www.fateasia.com 合作，建立陳哲毅姓名網路學院，已陸續推出1、生肖姓名學苑。2、八字姓名學苑。3、占卜姓名學苑。4、愛情姓名學苑。5、姓名股盤占學苑。6、姓名透視六親學苑。7、生肖測字股盤占學苑。8、姓名開運樂透術學苑。9、姓名現代水滸傳學苑……等。透過姓名學數位化資料庫，提供全球華人更方便搜尋使用的工具，期許藉由彼此的結合，將新觀念姓名學推廣至全世界。

顛覆傳統姓名學的新發現

風水雜誌總編輯　顏兆鴻

論命必須知道對方生辰八字；看相要觀察對方的五官外貌氣色；唯獨姓名學，只從名片上的兩個字（單字）到四個字（複姓），馬上就能算出對方的吉凶禍福，而且不需要藉助複雜的排盤或公式運算，可謂既實用又簡單。

正因為簡單易學，即使門外漢也都能依樣畫葫蘆，自我摸索而掌握命名要訣，以致命理界總是將「姓名學」擺在附屬、陪襯地位。

國內的姓名學，起源於民國十七年的日本熊崎健翁氏，依據我國先賢蔡九峰的皇極八十一數洛書原理而訂出八十一劃的吉凶模式，坊間姓名學的理論架構，大體上皆不脫離這個範圍；「逢四必凶」也成了熊崎氏姓名學的鐵律，任何人命名都會避免觸其禁忌。

中國擇日師協會理事長陳哲毅卻甘冒天下之大不諱，質疑熊崎氏理論的正確性，並以國內成功名人為證據，推翻「逢四必凶」的「緊箍咒」，他融合中國五術裡的易卦、八字、陰陽、五行生剋、天運等理論，歷經多年的實務觀察研判，發展出一套有別於傳統論法的「直斷式姓名學」。

我們稱依自然界原理原則而創設新定律新事物者為發明家；稱推動政治上、社會上之急進根本之變革者為革命家。在姓名學領域裡，陳哲毅堪稱為傳統姓名學的革命家，也是直斷式姓名學的發明家，更難能可貴的是，陳哲毅已將直斷式姓名學融入他整個生命裡，雖精通八字、易卦，卻不想以八字、易卦學者自居，因為他認為唯有這樣，才能讓姓名學在命理殿堂裡擁有一席之地；他的演算和統計歸納功夫更達爐火純青地步，常能觀其名而知其行運個性；筆者有幸，長期與陳老師面對面訪談，深為折服他在這方面所下的紮實功夫。

陳哲毅直斷式姓名學，勢將在姓名學裡掀起一股研究新潮流，希望你不僅是個見證者，也是個研究者，讓我們一起窺探這個神奇姓名領域的新堂奧。

改運先從更名起

大成報　顏國民專訪

通常男女青年初次見面、或想追求某人，總不好意思問對方生辰八字，如果只從對方姓名就能知道追不追得上，或和你「適不適合」，可不省事多了？

一般人論斷姓名好壞，不外乎利用八十一劃吉凶，最多再搭配五行生剋。但相生為吉或相剋為凶就不知其所以然了，以致灰心之餘捨姓名學而就八字、紫微斗數、占星或卜卦。

國內最常見的命名方式為日本熊崎式姓名學，熊崎式姓名學是民國十七年，由日本知名易學家熊崎健翁氏，根據我國先賢蔡九峰的皇極八十一名數原圖而訂出八十一數之吉凶，加入三才「天地人」取格，復用八卦中的「震巽艮兌」四卦卦爻為陰陽配置，再配置以三才數理「木火土金水」五行，復以八字用神取音靈五行而成。

「逢四必凶」幾乎已成熊崎式姓名學的鐵律。總格若出現三十四劃、四十四劃者，多被歸入「最好改名」行列。中國河洛理數學會理事長陳哲毅鑽研姓名學二十年，卻不做如是觀，他隨興舉出有卅四劃大凶數的名人就有李登輝、宋楚瑜、李遠哲、俞國華、蔣仲苓、夏鑄九、吳英璋、李鍾桂、劉安祺、羅友倫等數十人，四十四劃有劉松藩、劉德華等人也赫然在列，他們為何反而飛黃騰達，成為舉國知名人物，可見熊崎式姓名學有太多無法自圓其說的盲點。

陳哲毅老師當初也是迷上熊崎式姓名學。後來遇上瓶頸，他卻不願像一般人一樣輕言放棄，反而不信邪想研究出個所以然來，十一年前他慕名拜訪南港地區一位卜卦姓名學老師李老師。李老師因論斷他的姓名極準，陳哲毅敬佩萬分，向李典鴻學了一年。可能是因為李老師取卦不重包裝，用筆劃數乘餘決定卦象，也無生剋制化之道，陳哲毅頗覺不足，返回老家彰化，就教於卜卦名師陳老師，終於悟通卦理、六親、父母、官鬼、妻財、兄弟間的對應關係，先後拜過八位卜卦、八字名師，仍堅持主攻姓名，其他學問只納入他解說姓名學原理的補助內容。

「我剋為妻財，剋我為官鬼，我生為子孫，生我為父母，同我為兄弟。」這是卜卦上的生剋原理，到了陳哲毅手中，他都賦予它們全新的意義，而在天格（姓字加一）、人格（姓字加第一個名字）、地格（第一、二個名字相加）、外格（最後一個名字加一）、總格（三字筆劃總和）之中，以人格當命格，發展自五格十二宮的交界作用關係。

以男女擇偶為例，誰是你的最佳拍檔，從五格生剋中即可得知。木生火、火生土、土生金、金生水、水生木、木剋土、土剋水、水剋火、火剋金、金剋木。數字一、二為木，三、四為火，五、六為土，七、八為金，九、〇為水。同筆劃為比和，同屬性筆劃差一，如廿一與十二皆屬木，仍為一生二，以小數生大數。

地格剋人格者的戀愛對象為地格生人格、人格剋地格或人地比和者。

人格剋地格者，應找地格剋人格、人格生地格者為對象。

人格生地格者，應找地格生人格、人格剋地格或人地比和者為對象。

地格生人格者則分男女不同，男性應找人格剋地格或人格生地格者；女性應找人格剋地格或地格剋人格者為對象。

人地比和者，應找地格生人格或人格剋地格者為對象。

你（妳）適合媒妁之言或自由戀愛？從地格中也可看得出來。地格剋人格或人格生地格者適合媒妁之言；地格生人格、人格剋地格或人地比和者則適合自由戀愛。

公司行號招考新進人員，想知道誰適合內勤或外務工作，也可從地格生剋中看得出來。地格生人格、人格剋地格或人地比和者適合外務工作，能言善道；地格剋人格或人格生地格者則適合內勤工作，老實可靠。

天地人外同陰陽都男女反性，即易有同性戀傾向，陳哲毅接過類似案例，他把對方名字稍作更改，半年後就交了異性朋友。

「名字改過之後要拿來用，並且讓人養成習慣呼喚你，或者寫自己的姓名。確實做到這一點，半年之內就會見效。」陳哲毅說。

許多人原本很不諒解陳哲毅老師動輒要人改名。陳哲毅無奈地說：「沒辦法，你們當初取的名字是從哪裡來的。如果當初的根據是錯誤的，到底要不要改呢？」

事實證明改過名字的人猶如脫胎換骨，口耳相傳之下有一天連改三十個名字的紀錄。

民國七十九年，陳哲毅帶藝拜師，向中國河洛理數易經學會理事長吳明修學習八字、卜卦及風水地理，吳明修鼓勵他在學會開課，陳哲毅在台北、桃園、台中、嘉義、高雄分會各開一堂姓名推命學，反應出奇的好。坊間有人號稱一週速成的姓名學，陳哲毅的姓名學初級班、中級班、高級班各要三個月。之後還有「小班」，學費從一萬二到數十萬元，但還是有很多人找他學，因為陳哲毅幫他們解決了長達數十年的姓名學的困惑，替姓名學找到了一個可長可久的研究方向。吳明修連任兩屆河洛理數學會理事長及中國擇日師協會之後，衆人公推陳哲毅繼任兩個協會理事長，陳哲毅自感責任重大，但他很高興這門學問終能獲得業界肯定，發揮經世致用的功效。

中國姓名學從蔡九峰到熊崎健翁，再到陳哲毅手中有了全新的突破。陳哲毅已著手準備將這套理論文字整理出來，希望不久的將來，我們即可分享到這份成果和喜悅。

推翻熊崎式創新姓名學

摘錄自時報周刊九二七期（八十六年三月二日）

姓名學近來相當熱門，許多有線電視頻道，紛紛開闢有關姓名學的節目，觀衆call in的反應相當熱烈。國內傳統的姓名學理論，大體是以日本熊崎式姓名學為主，講究筆劃與五格的生剋之道。河洛理數易經學會理事長陳哲毅歷經多年的經驗後，自己研發了一套姓名學理論，因為與傳統的姓名學大不相同，也引發了姓名學派中，傳統派與革新派的一場論戰。

陳哲毅自創新理論的原因，在於傳統以筆劃數論吉凶，逢四必凶幾乎是鐵律，可是現今政經名人諸如：李登輝、宋楚瑜都是三十四劃，連蔣中正、鄧小平的筆劃數，在熊崎式的理論中，都屬凶數。再者傳統理論相生不能相剋，可是國內鉅子姓名相剋的大有人在，讓他覺得傳統理論有其盲點，以致姓名學在命理界中，未能受到重視，而苦思改進之道。

陳哲毅幾經研究之後，推翻了傳統以筆劃論吉凶的說法，更認為相剋不見得不好，在乎運用巧妙，此外更將生辰八字五形五格納入其中，衍生出一套與傳統熊崎式大為不同的理論，引起命理界相當的震撼。

創新難免會有壓力，陳哲毅倒是相當有信心，他還以三個人物的姓名與境遇，來印證自己的理論。鄧小平生前有鄧先聖、鄧希賢、鄧小平三個名字，在二月二十七日於台中中友百貨舉行的命理展中，陳哲毅準備以姓名學的觀點，來印證鄧小平的名字，與一生運勢的關連，證明多年的研究心得，經得起考驗。

【自序】

姓名與人生

只要是接觸過五術論命，尤其是姓名學部分，常會聽人家問：「姓名學眞的有改運的效果嗎？」接著會問：「如果有效的話，哪姓名到底能影響一個人有多大？」其實答案本來是見人見智，但仔細觀察所有檯面上的企業家、政治家、成功人士、或是知名人物的姓名，就會發現他們的姓名格局如出一轍，難道你相信這只是外界所說的巧合而已嗎？其實名字裡面內藏玄機，對人的影響無微不至，但相信聰明的您會有所疑問，那爲什麼依傳統姓名學理論替人取名字改運勢，應是大富大貴的筆劃，卻落魄潦倒、頹喪失意，反觀充滿凶數剋煞的筆劃，卻平步青雲、如日中天，這又該如何來解釋？這其實是個很簡單的問題，因爲一般人並沒有掌握住姓名學的精髓所在，只是依樣劃葫蘆罷了。

在台灣姓名學向來不被重視，直到日本熊崎式姓名學的架構，也就是八十一靈動數姓名學傳入台灣，才重新獲得大家重視並逐漸流佈。目前坊間所流行的姓名學，多數是從這個傳統架構延伸改良的，包括筆劃吉凶、三才五格、生剋關係等等，都有詳盡描述。但是自從姓名學歷經演變，衆家理論紛紛出籠，直到最近還有生肖姓名學、十八字姓名學、倉頡姓名學、九宮姓名學、九星姓名學較爲人所知道使用。不過姓名學由於派別衆多、理論龐雜，非一般人所能深入窺探，加上現代人注重實際驗證，若將傳統姓名學理論驗證現今人事，有時候準確，有時候模稜兩可，但絕大多數是違背理論所描述，尤其是「達官貴人」、「當紅影星」更是人人關心注目之焦點，是衆人心中所期望之地位身分。常常有同名同姓，爲何命運大不同之怨嘆，尤其是筆劃吉凶數的影響更是深入人心，取名號字莫不參照依循。

就陳哲毅老師自己多年的研究教學，數十萬個個案統計出來的結果，姓名學並非巧合，姓名學確實對人們的妻、財、子、祿大有影響，對人的一生運勢具有決定性的力量。姓名不僅僅能看穿一個人的個性心態而已，更重要的是能掌握個人周遭的互動關係，舉凡個性、感情、事業、財運、疾病等等，無不在姓名中透露出來。奧妙就在陰陽五行生剋之中，認眞研習者，甚至能達到觀名相命而知其運勢，不需要其他任何資料，便能觀名論斷無不準確。

為什麼姓名能有如此驚人的作用？陳老師認為這不是迷信，而是經過科學的統計結果，加上長期驗證而出的結論。當然陳老師也認為姓名學並非一套包山包海的萬靈丹，姓名學也有一定的影響範圍，不過姓名最大的作用來自於它能夠改變，而非其他數術如八字十紫斗一般的碌命術，「人一旦落土出世，生辰八字就注好好」，這是沒辦法改變的事實，起碼自己通常不能掌控。那麼萬一不幸是不好的命格，想怎麼改變都無法改變，人生豈不是很無奈。但是姓名學可不同，它是唯一能夠在後天改變運勢的學問，無疑是個人後天行運最佳的輔助工具。因為它隨時可改，隨你高興配合什麼格局，都可以改變你的個性，個性一改命運自然大不相同。陳老師在此曾經過舉例來說：「某甲生辰八字較好，某乙生辰八字較差，但是某甲用了不當的名字，某乙用了適合的名字，兩人同樣是做一件事情，某甲可能就像兔子，某乙就像烏龜，大家一定會猜想烏龜贏或兔子贏？」但陳老師的結論是：「其實輸贏的結果不重要，重要的是那個過程才是重點。」這也是姓名學的重點之一。某甲雖然像兔子很快的想完成事情，但是其中卻會遇到很多阻礙，進行的很不順利，多花很多時間與力氣才完成；相反的某乙雖然像烏龜行事緩慢，但其中卻沒有遇到太多阻礙，還可能受到貴人幫助，少花了時間與力氣完成事情。

再者陳老師認為名字是後天改運造命最先要做的，因為它簡單直接，又直接能改變一個人的個性，相對的能依照不同的情況，做不同的調整，若不滿意便可改回來沒有太大的影響。或許有人會說，那麼取個大富大貴的名字或格局不就好了，或者是有沒有所謂升大官發大財的名字或格局，那麼不就是人人都不用辛勤努力了。事實上陳老師認為所有名字都無好壞，也沒有高下之別，最主要的問題是在於從哪個角度看，或者是說想發揮什麼功用，再者姓名學跟其他的數術一樣並非是萬靈丹，也有其極限的地方。舉例來說，現代社會女性意識抬頭，一個事業有成的女強人，其姓名格局往往成為眾人爭相取名的依據，但現實生活中女強人的生活往往是家庭破裂、感情失利的情形。陳老師認為這是只見其利未見其害的結果，大家太過注重某方面的利益，而忽略平衡調和的結果，因為女強人的姓名格局往往都會伴隨這些情形，眾人替下一代著想的美意，反而成了生活不幸的來源。這並非說女強人的姓名格局不好，而是哪個角度來觀看，若以事業工作的角度來論，無疑女強人的姓名格局是非常有幫助的。

最後陳老師認爲整個家庭人際的和諧，是論姓名格局最重要的一件事，這跟有了財富卻失去健康的道理是一樣的。人眼人是互相生活在一起的，人際關係能決定生活品質的高低，當然也能左右運勢的高低。像陳老師常說的：「婆媳不和誰之過、先生姓名惹的禍。」意思是說婆媳若有問題，先生要負大半的責任。這並不是在說先生姓名不好，而是說若能以姓名學來改變婆媳關係的對待，那麼何樂而不爲呢？一個人各方面人際關係若很和諧，尤其是避風港的家庭，那麼做什麼事情一定會很平順，當然不必要的阻礙也就會見少，自然能有一番成就作爲。

就現今研究姓名學來談，諸多的質疑讓傳統姓名學淪落爲僅供參考的依據，不過若深入研究姓名其中奧秘，在衆多的理論當中便會發現姓名學的精髓所在，這個精髓的部分正是整個姓名學理論的關鍵所在，掌握這個關鍵便能精確的論斷無誤，而不會僅僅憑筆劃來論斷，以爲能期待美好的人生運勢。那這個關鍵到底是什麼呢？這個關鍵正是三才五格的陰陽生剋對待，尤其是陰陽生剋詮釋上，是姓名的精髓所在，這也正是陳哲毅

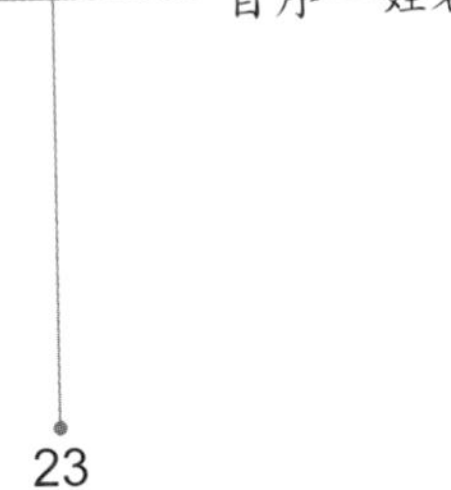

老師與衆不同的觀點所在，他認爲姓名學最重要的部分在於架構，就是三才五格的陰陽生剋，如同建築一棟房子一樣，架構好基礎好才住得安心，裡面的裝潢如同字的筆劃、形狀、發音、涵義等等，可以慢慢來佈置調整，但是架構基礎不好的話，怎麼裝潢都沒有用，只是裝飾華麗虛有其表罷了。

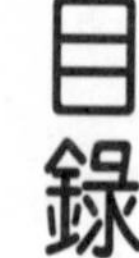

目錄

陸、破解熊崎式人、總格數吉凶之比較式論法 187

前　言

一、姓名學的起源

姓名學的由來甚多，不過都與「易經」脫不了關係，因爲所有的數術都牽涉到陰陽五行、卦象推演。在此不追求紛擾甚多的起源問題，僅僅談姓名學在台灣的發展過程，及各種取姓名的方法。

目前坊間所流行的姓名學，不下數十派之多，其中最早也最有淵源的是由日本人所改良發展出來的，也就是「熊崎健翁」的八十一靈動數姓名學。後來由民國二十二年留學日本的留學生白惠文(原名白玉光)，跟隨熊崎健翁研究其姓名學，民國二十五年時歸國，著作了幾本姓名學的書籍，有「熊崎式姓名學知神秘」、「姓名之命運學」、「姓名學知奧秘」，是引進熊崎式姓名學的創始者。熊崎式姓名學的架構，是改自中國宋朝蔡九峰的姓名理論，包括筆劃吉凶、三才五格、生剋關係等等。但是自從姓名學流傳之後，各家理論紛紛出籠，直到最近還有生肖姓名學、八字姓名學、倉頡姓名學、九宮姓名學、九星姓名學較爲人所知道使用。不過姓名學雖然這麼多，但是重點都差不多，都是注重姓名筆劃吉凶、三才五行生剋的配置兩項關係。

所謂三才五格指的是，名字中的天格、人格、地格、總格、外格等五格，五行生剋是將筆劃劃分木、火、土、金、水的變化作用，而五行依奇偶數分陰陽。也就是說透過五行生剋讓五格產生交互作用，但是都以人格爲主要中心，由此向外觀察各格的關係如何。熊崎式的八十一劃吉凶數，已經成爲現在一般民衆重要的參考依據，不過往往跟現實生活中的例子相違背，如總格三十四劃爲大凶，但政治上的名人大都是總格三十四劃，如李登輝、宋楚瑜等等。這顯示熊崎式的姓名學理論有很大的誤差，不是完整的姓名學體系，加上過於注重單一格局，尤其是過於強調總格的重要性，使得一般人認爲筆劃好、總格佳就是好的名字，完全忽略了各個格局間相互搭配的關係才是最重要的。再者傳統姓名學理論會認爲，五行順生就是好的，五星相剋就是不好的，以致於取一個格局全是順生就認爲是好的，其實這是不對的，因爲這樣名字就失去了平衡，該生的就要生，該剋的就要剋，這樣才是一個平順的名字。難道有沒有一個比較好的姓名學理論？其實是有的，經過多年的教學研究與累積統計，陳哲毅老師突破了傳統姓名學的架構，創造了全新的姓名學理論，就是「直斷式姓名學」，它保留傳統的優點，但重要的是把姓名學立體化，創造了五度空間在裡頭，包含所有的對待關係，一個名字可以在短短幾秒鐘論斷，而且相當準確。

二、取姓名的五大方式

取名字除了形、音、義之外，通常會以第一印象或環境聯想做一個考量，而一般以姓名學理論來取名並不多見，不然就是特別替出生的嬰兒找專業的命理師來取名字。以下分成六大類來簡介取名字有哪些方法。

a.形、音、義

一、以字形來取名　二、以字音來取名　三、以字義來取名　四、以音韻來取名
五、以諧音來取名　六、以成語來取名　七、以詩文來取名　八、以典故來取名
九、以美辭來取名　十、以修辭來取名　十一、以美好形象來取名

b.寄託希望

一、想望子成龍來取名　二、想學識淵博來取名　三、想濟民安世來取名
四、想智力超群來取名　五、想幸福富足來取名　六、想姿容俊美來取名
七、想健康長壽來取名　八、想一帆風順來取名　九、想優良品行來取名
十、想堅強意志來取名　十一、想激勵上進來取名　十二、想繼承祖業來取名
十三、想崇尚賢良來取名　十四、想抒發志向來取名　十五、想友愛兄弟來取名

c.傳統方式

一、用出生地取名　二、用排行來取名　三、用族譜來取名　四、用生肖來取名
五、用五行來取名　六、用八卦來取名　七、用出生時取名　八、用隨意選取名
九、用抓周來取名　十、用物品來取名　十一、用職業來取名　十二、用禁忌來取名
十三、用奇怪方式取名

d.依男女方式

一、男性字眼來取名　二、女性字眼來取名　三、色彩區別來取名
四、花草樹木來取名　五、吉祥鳥獸來取名　六、珠寶玉器來取名
七、常聽男性名字來取名　八、常聽女性名字來取名

e.其他取名方式

一、夢境預兆來取名　二、道德規範來取名　三、天地日月來取名
四、山川湖海來取名　五、出生異象來取名　六、避免同名來取名
七、有所用意來取名　八、模仿他人來取名

三、姓名學對人一生的影響

姓名學到底對人的一生有沒有影響？或者說姓名影響力到底有多大？若沒有影響，爲什麼所有檯面上的成功人士，乃至政商界名人的姓名格局如出一轍，是眞的只是巧合嗎？還是名字裡面內藏玄機？若有影響，爲什麼傳統姓名學理論替人取名字解運勢，應該是大富大貴的筆劃，卻落魄潦倒、頹喪失意；反觀充滿凶數剋煞，卻平步青雲、如日中天，這又該如何來解釋？這是社會大衆經常質疑命理五術界的問題。其實就陳哲毅老師自己多年的研究教學，數十萬個個案統計出來的結果，姓名學並非巧合，姓名學確實對人們大有影響，對人的一生運勢具有決定性的力量。姓名不僅僅能看穿一個人的個性心態而已，更重要的是能掌握個人周遭的互動關係，舉凡個性、感情、事業、財運、疾病等等，無不在姓名中透露出來。個人若能正確學習姓名學的奧妙，甚至能達到見其名知其運勢梗概，而不需要其他資料，便能觀名論斷無不準確。

為什麼姓名能有如此驚人的作用？陳老師認為這不是迷信，而是經過科學的統計結果，加上長期的驗證而得出的結論。當然陳老師也認為姓名學並非一套包山包海的萬靈丹，姓名學也有一定的影響範圍，不過姓名最大的作用來自於它能夠改變，而非其他數術如八字、紫斗一般的祿命術，「人一旦落土出世，生辰八字就注好好」，這是沒辦法改變的事實，起碼自己通常不能掌控。那麼萬一不幸是不好的命格，想怎麼改變都無法改變，人生豈不是很無奈？但是姓名學可不同，它是唯一能夠在後天改變運勢的學問，無疑是個人後天行運最佳的輔助工具。因為它隨時可改，隨你高興配合什麼格局，都可以改變你的個性，個性一改命運自然大不相同。陳老師在舉例來說：「某甲生辰八字較好，某乙生辰八字較差，但是某甲用了不當的名字，某乙用了適合的名字，兩人同樣是做一件事情，某甲可能就像兔子，某乙就像烏龜，大家一定會猜想烏龜贏或兔子贏？」但陳老師的結論是：「其實輸贏的結果不重要，重要的是那個過程才是重點。」這也是姓名學的重點之一。某甲雖然像兔子很快的想完成事情，但是其中卻會遇到很多阻礙，進行得很不順利，多花很多時間與力氣才完成；相反的某乙雖然像烏龜行事緩慢，但其中卻沒有遇到太多阻礙，還可能受到貴人幫助，少花了很多時間與力氣完成事情。

再者陳老師認爲名字是後天改運造命最先要做的，因爲它簡單直接，又能改變一個人的個性，相對的能依照不同的情況，做不同的調整，若不滿意便可改回來沒有太大的影響。或許有人會說，那麼取個大富大貴的名字或格局不就好了，或者是有沒有所謂升大官發大財的名字或格局，那麼不就是人人都不用辛勤努力了。事實上陳老師認爲所有名字都無好壞，也沒有高下之別，最主要的問題是在於從哪個角度看，或者是說想發揮什麼功用，再者姓名學跟其他的數術一樣並非是萬靈丹，也有其極限的地方。舉例來說，現代社會女性意識抬頭，一個事業有成的女強人，其姓名格局往往成爲衆人爭相取名的依據，但現實生活中女強人的生活往往是家庭破裂、感情失利的情形。陳老師認爲這是只見其利未見其害的結果，大家太過注重某方面的利益，而忽略平衡調和的結果，因爲女強人的姓名格局往往都會伴隨這些情形，衆人替下一代著想的美意，反而成了生活不幸的來源。這並非說女強人的姓名格局不好，而是從哪個角度來觀看，若以事業工作的角度來論，無疑女強人的姓名格局是非常有幫助的。

但是陳老師以爲整個家庭人際的和諧，是論姓名格局最重要的一件事，這跟有了財富卻失去健康的道理是一樣的。人跟人是互相生活在一起的，人際關係能決定生活品質的高低，當然也能左右運勢的高低。像陳老師常說的：「婆媳不和誰之過、先生姓名惹的禍」。意思是說婆媳若有問題，先生要負大半的責任。這並不是在說先生姓名不好，而是說若能以姓名學來改變婆媳關係的對待，那麼何樂而不爲呢？一個人各方面人際關係若很和諧，尤其是避風港的家庭，那麼做什麼事情一定會很平順，當然不必要的阻礙也就會減少，自然能有一番成就作爲。

四、姓名與人的六大互動關係

a. 個性延伸

一個人的名字最直接的影響，就是人的個性，個性也可說是一個人的心性。心性好個性自然好，個性好人緣自然好，人緣若好有貴人幫助，困難阻礙自然減少，相對的運勢比較平順。個性太安靜孤僻的，可以變得活潑喜歡親近別人，人際關係變圓滿。太過外向好動的，可以變得沉穩安靜，可以專心來唸書。總之用名字把人調和到一個較平穩的個性，讓個性不走極端，減少無謂的阻礙。

b. 感情關係

一個人感情不順利，往往來自於自己的想法，用名字讓自己的想法改變，想法改變行爲就會跟著改變。譬如本來眼光很高不切實際的想法，用名字變成較能放下身段務實行事的想法。或者沒有自信心容易自卑的想法，變成積極進取、勇敢果斷。甚至是已經結婚的夫妻，彼此的相互對待也能改變，常常意見不和吵架，還是會有暴力相向的問題，也都能用姓名來改善。

c.六親對待

婆媳關係通常是六親對待最常見的問題，再來就是兒女孝不孝順長上的問題，還有岳婿、姑嫂等等都是常見的問題。像婆媳問題，通常就是先生的名字出了差錯，只要改變一下先生的名字，婆媳關係就會相當程度的好轉。還有兒女叛逆不聽長上的話，通常也是名字惹的禍，只要取個新名字調整一番，自然會改善這種問題。甚至是相關朋友對待，也能透過名字加以改變，本來會被連累的、沒有貴人的，都會轉成貴人運旺、人際關係圓滿。

d.事業財富

事業財富除了靠自己的努力以外，更重要的是外在環境因素的配合，像是機緣、貴人、時運等等。但往往一個不當的名字，就會減低自己努力的意志，更不用談那些外在的因素。尤其一個有好命格的人，更是需要一個好名字來搭配，事業上容易平步青雲、貴人提拔。也可以從名字來判斷事業的屬性，從事較適合自己的工作，或者想換跑道工作，那可以取一個新的名字來配合。再者財富除了賺進來之外，更需要的是管理運用及守成，這時一個不好的名字會加速財富的流失，一旦經濟上面出了問題，什麼事情都會有相當程度的影響，例如感情破裂、家庭破裂。

e.人際關係

人際關係是人一生中最重要的課題，因爲人不可能單獨生活，人需要相互合作才能生存。因此一個名字能夠決定別人對自己的第一印象，印象若不好人際關係就差，人際關係若差，什麼事都會比較勞心勞力，因爲沒有人可以幫忙。反之一個好的名字，能夠吸引別人的注意，甚至是貴人來提拔，那麼人際關係就是個人最佳的行銷。正如同陳老師所說：「名片一出手，便知運勢有沒有。」姓名可以當作一個觀察一個人最好的工具，因爲它簡單方便，又可以馬上掌握對方的個性。能掌握對方的個性，人際關係就不會糟糕，因爲不認識對方的個性，是人際關係不良的原因之一。反之你想有什麼樣的個性，讓對方來接受你，你也可以換一個名字來改變，相當的便利。

f. 健康疾惡

健康疾病是人一生中最怕碰到的問題，人常言：擁有財富失去健康也是空談，因爲健康的人生是任何事都換不來的。所以一個人的姓名能透露出，身體大概會有什麼樣的毛病，甚至是在什麼時候發生。一個不當的名字，很容易讓人有某些疾病，除實質的生理病痛外，連心理精神方面的疾病也避免不了，尤其現代人壓力大，通常有些無名的病痛，十之八九是精神方面引起的，這時通常可以從名字來下手改變。但並不是說得什麼病後，改個名字就會痊癒，因爲名字不代表人的全部，再者名字強調的是預防勝於治療的觀念。有好名字得病的機會便會減少，受傷的機率便會降低。

壹

陳哲毅姓名學的基本理論

一、姓名學的基礎

姓名學是以易經的三才（天格、地格、人格）和五格（天格、人格、地格、外格、總格）的五行（金、木、水、火、土）來看生剋變化，因此，學習姓名學的第一步就是認識三才、五格、五行。

在姓名學中，五格是非常重要的，五格代表著流年運勢，也與我們的生活產生密切的關係，其中，天格爲一歲到十二歲的流年，表示長上、父母、老師、祖先、思想、疾病、困厄、工廠、辦公室。地格爲十三歲到二十四歲的流年，表示兄弟姊妹、妻子、子女、朋友、田宅、丈夫、母親。人格爲二十五歲到三十六歲的流年，表示本人的內心與嗜好、精神。外格爲三十七歲到四十八歲的流年，表示奴僕、環境、遷移、丈夫、妻子、兄弟、朋友、外出運。總格爲四十九歲到六十歲的流年，表示財庫、長輩、老師、福祿、家庭運勢、公婆的表現、岳父母的表現、父母的表現、妻舅妯娌間的情形。

五格	流年	代表
天格	1歲～12歲	長上、父母、老師、祖先、思想、疾病、困厄、工廠、辦公室。
地格	13歲～24歲	兄弟姊妹、妻子、子女、朋友、田宅、丈夫、母親。
人格	25歲～36歲	本人的內心與嗜好、精神。
外格	37歲～48歲	奴僕、環境、遷移、丈夫、妻子、兄弟、朋友、外出運。
總格	49歲～60歲	財庫、長輩、老師、福祿、家庭運勢、公婆的表現、岳父母的表現、父母的表現、妻舅妯娌情形。

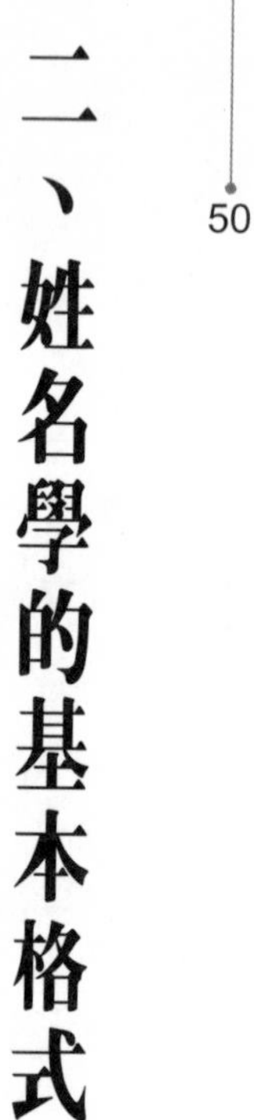

二、姓名學的基本格式

瞭解了五格中的各格關係之後，現在讓我們來看看分析名字時的格式：

姓【　】天格

【　】外格　名【　】人格

名【　】地格

【　】總格

三、姓名學五格之演繹方法

1.天格

天格的計算方法：姓氏加1爲天格，若姓氏爲複姓，則以姓氏之筆劃總和爲天格。

〔例一〕：劉德華之天格爲劉（15劃）加1——16劃。

〔例二〕：蘇貞昌之天格爲蘇（22劃）加1——23劃。

〔例三〕：司馬原之天格爲司（5劃）加馬（10劃）——15劃。

〔例四〕：馬英九之天格爲馬（10劃）加1——11劃。

2.人格

人格的計算方法：將姓氏的最後一字與名字的最初一字相加之總和爲人格。

（例一）：沈聖佳之人格爲沈（8劃）加聖（13劃）——21劃。

（例二）：王強之人格爲王（5劃）加強（11劃）——16劃。

（例三）：林耕辰之人格爲林（8劃）加耕（10劃）——18劃。

（例四）：原田致宏之人格爲田（5劃）加致（10劃）——15劃。

3. 地格

地格的計算方法：名字的筆劃數相加之總和爲地格；如果是單名，則將名字的筆劃數加1爲地格。

（例一）：秦漢之地格爲漢（15劃）加1——16劃。

（例二）：胡茵夢之地格爲茵（12劃）加夢（16劃）——28劃。

（例三）：張菲之地格爲菲（14劃）加1——15劃。

（例四）：胡瓜之地格爲瓜（6劃）加1——7劃。

4.外格

外格的計算方法：將名字的最後一個字劃數加1即為外格，若單名則為假名1加1等於2。

〈例一〉：汪聖杰之外格為杰（8劃）加1——9劃。

〈例二〉：童中白之外格為白（5劃）加1——6劃。

〈例三〉：施云婷之外格為婷（12劃）加1——13劃。

〈例四〉：張菲之外格為假名1加1——2劃。

5.總格

總格的計算方法：將姓名中各字的筆劃數相加總合為總格。

〈例一〉：林聖明之總格為林（8劃）加聖（13劃）加明（8劃）——29劃。

〈例二〉：鄭為元之總格為鄭（19劃）加為（12劃）加元（4劃）——35劃。

〔例三〕：林福地之總格爲林（8劃）加福（14劃）加地（6劃）——28劃。

〔例四〕：原田致明之總格爲原（10劃）加田（5劃）加致（10劃）加明（8劃）——33劃。

6. 名人格局演繹

〔例一〕：李登輝的姓名筆劃爲7、12、15，格局如下：

	李 07	【08】	天格(7+1)
	登 12	【19】	人格(7+12)
外格【16】(15+1)	輝 15	【27】	地格(12+15)
		【34】	總格

〔例二〕：陳水扁的姓名筆劃爲16、4、9，格局如下：

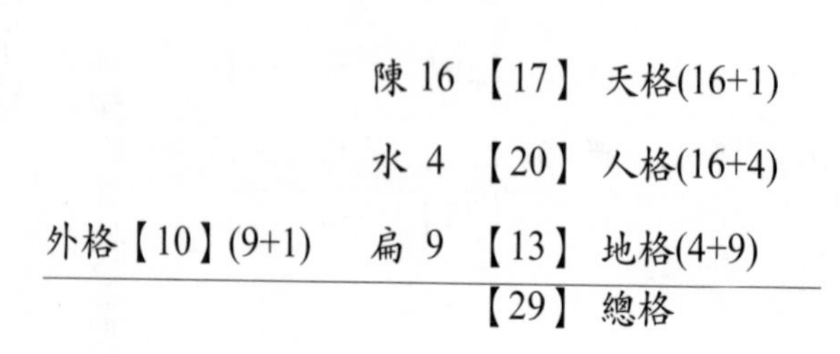

陳 16 【17】 天格(16+1)

水 4 【20】 人格(16+4)

外格【10】(9+1) 扁 9 【13】 地格(4+9)

【29】 總格

〔例三〕：王菲的姓名筆劃爲5、14，格局如下：

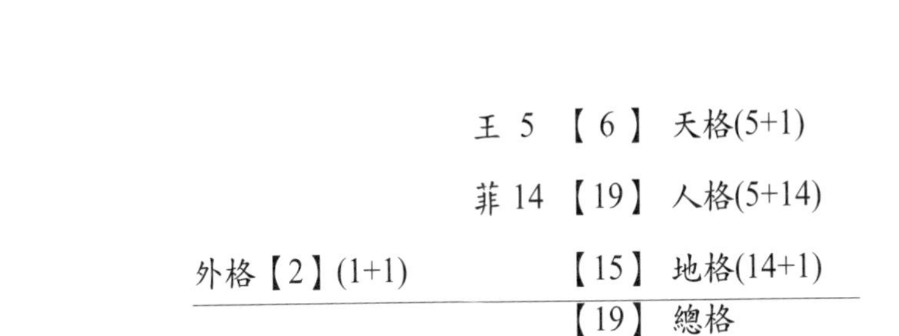

四、姓名五行數字的特殊相生相剋

五行，指的是木、火、土、金、水五行，這五行既相生也相剋。相生的順序爲木生火，火生土，土生金，金生水，水生木；相剋的順序爲木剋土，土剋水，水剋火，火剋金，金剋木。

而阿拉伯數字零～玖也和五行有著密切的關係，數字一、二爲木，三、四爲火，五、六爲土，七、八爲金，九、〇爲水。

木（1、2）——生火（3、4）——生土（5、6）——生金（7、8）——生水（9、0）

木（1、2）——剋土（5、6）——剋水（9、0）——剋火（3、4）——剋金（7、8）

在零～玖之中，奇數爲陽，偶數爲陰，五行相同者，陽生陰。

五行	陽生陰
木	1生2
火	3生4
土	5生6
金	7生8
水	9生0

〔例一〕：王祖賢的姓名筆劃爲5、10、15。

	王 5	【6】	天格爲土
	祖 10	【15】	人格爲土
外格【16】爲土	賢 15	【25】	地格爲土
		【30】	總格爲主

〔例二〕：齊秦的姓名筆劃爲14、10。

	齊 14	【15】	天格爲土
	秦 10	【24】	人格爲火
外格【2】爲木		【11】	地格爲木
		【24】	總格爲火

名人格局演繹

瞭解了五行與五格之後，可由下列順序來分析一個人的姓名格局。請注意，分析格局時除了以五行（金木水火土）的相生相剋分析外，遇相同五行時，爲陽生陰（即奇數生偶數）；遇個位數相同時，爲小數生大數（即15生25，9生19……依此類推）；兩數相同時，爲比和（即15與15）。

分析姓名的順序：

1. 天格與人格的關係
2. 人格與地格的關係
3. 人格與外格的關係
4. 天格與地格的關係
5. 天格與外格的關係
6. 地格與外格的關係
7. 天格與總格的關係
8. 人格與總格的關係
9. 地格與總格的關係
10. 外格與總格的關係

例如：王祖賢的姓名筆劃爲5、10、15，其姓名格局分析爲：

	王 5	【6】	天格爲土
	祖 10	【15】	人格爲土
外格【16】爲土	賢 15	【25】	地格爲土
		【30】	總格爲水

1. 人格生天格（人格與天格均爲土，所以奇數5生偶數6）。
2. 人格生地格（人格與地格均爲土，且爲奇數，所以數小者15生數大者25）。
3. 人格生名格（5生6）。
4. 地格生天格（5生6）。
5. 天格生外格（6生16）。
6. 地格生外格（5生6）。
7. 天格剋總格（土剋水）。
8. 人格剋總格（土剋水）。
9. 地格剋總格（土剋水）。
10. 外格剋總格（土剋水）。

又如齊秦的姓名筆劃爲14、10，其姓名格局分析爲：

	齊14	【15】	天格爲土
	秦10	【24】	人格爲火
外格【2】爲木		【11】	地格爲木
		【24】	總格爲火

1. 人格生天格（火生土）。
2. 地格生人格（木生火）。
3. 外格生人格（木生火）。
4. 地格剋天格（木剋土）。
5. 外格剋天格（木剋土）。
6. 地格生外格（1生2）。
7. 總格生天格（4生5）。
8. 人格與總格比和（人格與總格均爲24，稱人格、總格比和）。
9. 地格生總格（木生火）。
10. 外格生總格（木生火）。

貳

天人地外總，格格皆不入
生旦淨末丑，生尅話從頭

一、天格與人格關係

天格代表：自己父母、長輩、上司、貴人、財庫

人格代表：自己個性、思想、才華

a.天格剋人格

個性

這個名字的格局，給人的第一印象通常是很有禮貌客氣，外表看起來充滿溫和斯文的氣質。但實際上個性會顯得比較保守壓抑，行事作風比較小心謹慎，雖然有靈活的腦筋，但仍會一步步按部就班去完成事情，故學習力很強，能力培養很紮實。有困難會參考別人的建議而去實行，但自己不一定敢主動發問，常常會悶在心裡積勞成疾。

人際

這個名字的格局，在家時自己會非常聽從長輩或父母的話，而父母的態度顯得比較權威，喜歡掌控家裡一切大小事情，自己也就容易受到父母的管束，會被要求分擔家務，有什麼事情父母都會過問，尤其是父親。由於家庭氣氛如此，對長輩或較年長的兄弟與朋友，態度上通常都會非常敬重，也會對他們付出關懷與照顧。但是自己也比較容易受到長輩或朋友的拖累，對朋友的要求較無法拒絕，加上自己小心怕事，出問題時往往有苦難言，而不敢尋求協助，容易將心事放在心裡，無形中累積不少壓力，這是要注意的。

戀愛

這個名字的格局，內心往往期待愛情的到來，並願意爲所愛的對方付出，也時常會有機會發生戀情，但自己總是小心謹慎，不讓人察覺你內心的想法，往往有喜歡的對象，卻不肯輕易透露，會私下慢慢去深入認識對方，會用暗示的方法引起對方的注意，通常是一再確定對方的心意後，才敢大膽將情意表達，雖然不夠積極，但卻相當專情。

事業與財運

這個名字的格局，工作上非常忠誠認眞，事業方面的貴人雖有，但自己卻不主動積極把握機會，往往因等待而失了先機。加上長輩或上司對自己的期望很高，無形中給予一種壓迫感，而且自己很有責任感，雖然想加快腳步的發展，但總是有一種被綁住的無力感，有時心急不是頂撞長上傷了和氣，就是會有自暴自棄的傾向。財運方面容易遭人連累，賺錢會稍微慢一點，以保守量入爲出爲佳。

b.天格生人格

個性

這個名字的格局，給人的第一印象通常是很有親和力，外表看起來比較受人嬌寵，讓人比較樂於保護疼惜。但實際上個性會顯得比較神經質一點，做什麼事情都比較不在乎後果，平常會想東想西，看自己心情來做事情，表現得比較隨興，故人緣雖然很好，但是有時會得理不饒人，別人會覺得你很自大。有困難時常常會有貴人幫助，總是能在最後關頭化險爲夷，像是有用不完的好運，由於如此常常會懂得感恩長上，接近宗教的機會高。

人際

這個名字的格局，在家時長輩或父母會比較照顧自己，而父母的態度顯得比較寵愛，自己有什麼事情需要幫助，父母都會願意去承擔。由於家庭氣氛如此，自己的個性就顯得無憂無慮，行事作風比較隨意而為，但是在家懂得感恩回饋，孝順父母及長輩。出外時長輩或兄弟與朋友，也會對自己付出關懷與照顧。但是自己有時候會認為理所當然，對朋友做過分的要求與付出。加上自己比較神經質，出問題時往往會牽連他人，而不自我反省一番，只會批評不會改過，無形中將問題由小變大，這是要注意的。

戀愛

這個名字的格局，內心往往等待愛情的降臨，並希望戀愛的對象是能夠照顧自己的人，很容易就陷入戀情，而且機會源源不絕。自己個性通常活潑開放，對周遭的朋友很大方，往往有喜歡的對象，就會顯得很不自在，會間接透過關係去瞭解對方，會故意表現突出引起對方的關注，通常是要對方先表示欣賞之後，才會善意回應對方，雖然不夠直接，但充滿誠意。

事業與財運

這個名字的格局，工作上會用比較多心思，事業方面的貴人不斷，自己也會趁勢把握機會，往往比別人早一步搶得先機。加上長輩或上司對自己的印象不錯，無形中增加自己出頭的機會，而且自己人際關係不錯，發展的基礎與速度相對會提高，做起任何事來事半功倍，但有時不知節制而過於強人所難，給長上或朋友不少的壓力與難題，這是要注意的。財運方面容易有貴人提拔，賺錢機會比較多，應要有所規劃。

c.人格剋天格

個性

這個名字的格局，給人的第一印象通常是很有企圖心，外表看起來比較搶眼且引人注目。但實際上個性會顯得膽大心細，做什麼事情會事先評估，一旦實行便不計後果，平常會想東奔西走，到處去看有沒有新奇的人事物，故具有冒險的性格，但是有時會比較以自我爲中心，聽不進別人的意見。有困難時會懂得運用關係來化解，但不一定能給予相對的回饋，像是利用別人一樣。由於如此人際關係會不固定，自己也容易投機取巧。

人際

這個名字的格局，在家時長輩或父母會比較愛護自己，什麼事都會尊重你的想法，自己有什麼事情需要幫助，會想辦法跟父母溝通協商，也會看父母的臉色來侍奉。由於懂得察言觀色，個性方面就顯得少年老成，行事作風能創新、能規劃，能適時找出自己最佳的學習狀態。出外時對長輩或兄弟與朋友，自己會慎選結交的對象，因此朋友雖然多，但有深交者卻比較少，不過遭損友連累的機會也較少。自己比較有企圖心，往往會讓他人覺得有壓迫感，自己有時過於投入工作而不知道休息，這樣一來身體會較差，這是要注意的。

戀愛

這個名字的格局，內心會時常想去追尋愛情，會希望談一場轟轟烈烈的戀愛，對象各方面條件都要高人一等，但往往不如你所期待。你的個性充滿冒險精神，對所有人都很講義氣，往往有喜歡的對象，就會心動馬上行動，會想盡辦法去跟對方接觸，會營造氣氛帶動對方的情緒，通常不論對方喜歡或討厭，還是會表現出和悅態度，雖然作風大膽，但人際圓滑。

事業與財運

這個名字的格局，工作上會充分利用資源，事業方面的貴人還滿多，自己也懂得好好把握機會，但是會仔細考量與評估後才行動。長輩或上司對自己的能力會給予肯定，無形中增加自己表現的機會，加上自己交際手腕不錯，會得到許多可以利用的資源與訊息，做起任何事比較穩紮穩打，但有時候比較一板一眼，處理事情方面會有磨擦，這是要注意的。財運方面自己眼光夠，加上肯努力打拼，賺錢速度會比較快一點，但是需要有耐性來聚財。

d.人格生天格

個性

這個名字的格局，給人的第一印象通常是很能言善道，外表看起來比較多愁善感但充滿熱心。實際上個性會顯得聰明伶俐，做什麼事情都會先爲別人著想，有問題便會幫助對方到底，平常會到處走動，到處去看有沒有讓自己感興趣的事物，或能增進自己眼界的知識，但是有時會比較固執己見，不採納別人的意見。有困難時不一定會開口要求幫助，但會迂迴的告訴他人自己的困難，激發別人的同情心。雖然付出時不太計較，但若攸關自己的利益時，會較爲自私。

人際

這個名字的格局，在家時長輩或父母會看你的表現來獎勵你，你什麼事都會尊重父母的想法，自己有什麼事情需要幫助，會跟父母能言善道一番，想辦法說服父母的意見。由於喜歡結交朋友，個性方面就顯得平易近人，行事作風大方光明，能時時刻刻爲對方著想。出外時對長輩或兄弟與朋友，自己會無條件的付出關懷，因此朋友非常多，但攸關自己利益的朋友會特別照顧，不過遭朋友連累的可能性也比較多。自己比較熱心公益，往往會讓他人覺得很好親近，自己有時過於干涉別人的家務事而不自知，這樣別人會嫌你煩而不滿，這是要注意的。

戀愛

這個名字的格局，內心常常有愛情的念頭，會想找尋能讓你憐惜關心的對象，因為你比較不能忍受寂寞。你的個性天生和悅慈善，對所有人都很有同情心，往往有喜歡的對象，就會露出歡喜的心情，會全心全意關懷對方，會細心叮嚀對方與幫助對方，但對方不一定領情還會反嘲一番，通常不論結果是成功還是失敗，還是會繼續無怨無悔的付出，雖然缺乏自我判斷，但用心良苦。

事業與財運

這個名字的格局，工作上會針對長官的需求而盡心盡力，事業方面的貴人不算很多，但自己看到機會會適時把握，只是態度上會比較猶豫不決一點。長輩或上司對自己的付出會看得到，無形中增加自己在長官心目中的分量，加上自己負責肯做不太計較回報，會得到許多人的欣賞與增加自我訓練的機會，但有時候也會裝模作樣，博取別人的認同與名聲，這是要注意的。財運方面自己想得很多，但能實踐的卻很少，賺錢會比較辛苦一點，需要有人從旁指點協助。

e.人格比和天格

個性

這個名字的格局，給人的第一印象通常是靜如處子、動如脫兔，外表看起來有點嚴肅但卻對人和善。實際上個性會顯得優柔寡斷，做什麼事情都會先為別人著想，平常會跟朋友到處閒晃，去放鬆自己的情緒，或是消磨時間在幫助朋友的困難時，若超過自己的能力就會陷入進退兩難的地步，最後可能自己會弄得很不好過。相對的，自己有困難時不曉得要不要跟朋友開口，但會告訴較好的朋友尋求幫助，雖然朋友願意幫助，但自己仍然會覺得不好意思，會報答更多的回饋。

人際

這個名字的格局，在家時長輩或父母會看你的表現來獎勵你，你什麼事都會尊重父母的想法，父母也會認同你的意見，彼此溝通還算不錯。由於喜歡結交朋友，個性方面就顯得平易近人，行事作風大方光明，能時時刻刻為對方著想。出外時對長輩或兄弟與朋友，自己會無條件的付出關懷，因此朋友非常多，但攸關自己利益的朋友會特別照顧，不過遭朋友連累的可能性也比較多。自己比較熱心公益，往往會讓他人覺得很好親近，但有時候卻又過於冷淡，這樣起伏不定的情緒，別人會誤解你，這是要注意的。

戀愛

這個名字的格局，內心常常有愛情的憧憬，你會想找能互相依靠扶持的對象，你個性天生開朗不計較，對所有人都很照顧，往往有喜歡的對象，會透過朋友來牽線，但容易有猶豫不決的態度，一旦認識對方，便會全心全意關懷對方，會細心叮嚀對方與幫助對方，通常不論結果是成功還是失敗，還是會像朋友一樣的關心，雖然優柔寡斷，但不計較得失。

事業與財運

這個名字的格局，工作上會盡忠職守，事業方面的貴人算很多，但自己看到機會雖然會積極把握，卻往往沒有仔細考慮，通常會選擇錯誤。長輩或上司對自己還算不錯，自己跟長官的互動溝通也很好，會得到許多人的欣賞與增加人緣，但有時候說話太直接而傷人，有時候卻又不肯透露自己的想法，別人會以爲你不好親近，這是要注意的。財運方面自己雖然肯努力，但若與人合作容易被連累，需要慎重選擇合作對象。

二、人格與地格關係

地格代表：自己父母、太太、兒女、晚輩、部屬、貴人、財庫
人格代表：自己個性、思想、心性、才華

a.地格剋人格

個性

這個名字的格局，通常是一個鄉愿不懂得拒絕任何人，因此會對任何人付出與關懷，尤其是家人或好友，但卻不能得到什麼回報。因此久了對人比較小心謹慎，開始會有懷疑的心態出現，比較神經質一點，有時會讓旁人受不了。自己在做事情方面，比較努力肯做，但對於新的事物方面，則採取保守緩進的態度，對一切外在的改變抱持慢慢來的想法。有時因小心判斷能減少損失，但大部分都失去先機而撿不到便宜，這是需要改善

的地方。

家庭

這個名字的格局，在家時自己會非常順從配偶的話，而另一半的態度顯得比較主動強勢，喜歡支配家裡一切大小事情，會掌控家中每一個成員，自己也就容易受到配偶的管束，會被要求分擔家務爲家庭盡責，有什麼事情配偶都會仔細過問，甚至會追查到底，有不滿也會直接表現出來，容易鬧情緒發脾氣。自己會比較溺愛兒女，兒女會有驕縱的傾向，通常都會爲兒女費神勞累，會對他們付出關懷與照顧，但兒女有時會有過分要求，讓自己承受很大的壓力，不過還是會盡量滿足兒女的需要，以致兒女有時養尊處優，不一定知道孝敬長上。

戀愛

這個名字的格局，容易遇到主動強勢的戀人，在愛情裡面通常扮演願意爲愛犧牲的角色，但不一定能得到相對的回應。交往時通常以對方的意見爲主，而自己的需求都會壓抑下來，對方說什麼就做什麼、需要什麼就提供什麼，有時你會表達自己意見，但往往被對方批評一番，或以各種理由說服，你的態度就會軟化動搖。就算心裡不滿而跟對方吵架，對方總是能佔上風，你往往是啞巴吃黃連，而對方有時雖然能明白你的心意，但由於自尊心的關係，不好意思先說出來，但會看情況適時給予你驚喜。

事業與財運

這個名字的格局，比較適合服務性質的工作，加上自己對人沒什麼先入爲主的觀念，會替別人著想付出，無形中給人謙虛和氣的好印象，加上自己責任感比較強，交代事情若沒完成或耽擱，自己會很在意，工作上會盡力追求完美。事業上會比較服從長官的意見，對上司會盡忠職守，若有意見或問題也不會公開表達，但心裡會自有主張。財運方面自己比較節儉一點，但配偶能左右自己的花費，加上不忍心拒絕他人借貸，容易因此被連累，有省小錢花大錢的情況。

b. 地格生人格

個性

這個名字的格局，通常是一個固執不懂得回饋的人，因此會對任何人的付出與關懷，尤其是家人或好友，視爲理所當然的事情。因此對人不能判斷分別，會有無所謂的心態出現，比較不在乎任何事物，有時讓旁人不能忍受。自己在做事情方面，比較隨興行事，但對於新的事物方面，則採取好奇觀察的態度，對一切外在的改變抱持隨緣的想法。有時因無心插柳而獲幸運，但大部分都因不知把握而失去機會，這是需要改善的地方。

家庭

這個名字的格局，在家時自己會受到配偶的照顧，而另一半的態度顯得比較積極但操心煩憂，喜歡處理家中大小事情，會叮嚀家中每一個成員，自己也就容易受到配偶的說教，但配偶是爲了關心自己，有什麼事情配偶都希望能夠幫上忙，就算幫不上忙，也會在一旁替你分勞解憂，有不滿也會直接傳達給你知道，容易干涉過度而被你嫌囉嗦。自己對兒女比較開明隨和，兒女比較知道分寸，通常兒女會知道回饋感恩，會對自己付出關懷與照顧，但兒女有時講話不婉轉、太過直接，讓自己聽起來很不舒服、很不是滋味，因此不願意與兒女溝通，以致兒女有時猜不透你在想什麼，而私下大傷腦筋。

戀愛

這個名字的格局，容易遇到積極進取的戀人，在愛情裡通常扮演王子或公主的角色，能得到對方不計較的付出。交往時對方會先順著你的意見，但是會盡量提供意見給你參考，雖然你不一定採用，但對方仍會在意你的選擇，有時你會表達自己意見，對方會願意配合及實行。若跟對方有所爭執，對方總是會先表示歉意，你往往表面不在乎，但心裡會考慮接受，而對方有時雖然能明白你的心意，但由於講話技巧的關係，說出來時不一定婉轉漂亮，讓你聽了覺得不是很高興，但會看情況接受對方的好意。

事業與財運

這個名字的格局，比較適合公關性質的工作，加上自己對事情具有開創性與規劃性的能力及眼光，又喜歡與人交際應酬，無形中給人海派熱情的好印象，加上自己比較擇善固執，會一直在同一個領域發展，自己會很投入，工作上也會盡力追求專業。事業上長官多半會聽從自己的意見，對上司會察言觀色，若有意見或問題也會婉轉表達，但會堅持自己的主張。財運方面自己花費較多，但配偶能節制自己花費，有時因愛面子充場

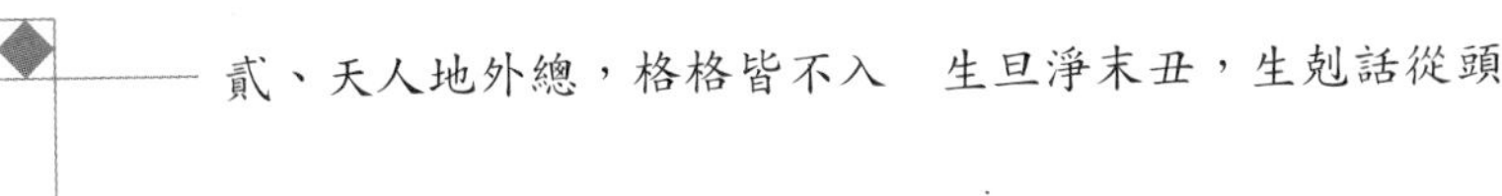

面，容易因此鋪張浪費，有過度支出的情況。

c.人格剋地格

個性

這個名字的格局，通常是一個自我不懂得禮讓的人，因此會對任何人的付出與關懷，尤其是家人或好友，總認爲不夠或嫌少。對物質方面比較過度貪婪，待人處事會有計較的心態，比較講求利益，有時讓旁人感到壓力。自己在做事情方面，比較主動積極，但對於新的事物方面，則採取馬上接受實行的想法，對一切外在改變抱持迅速的看法，雖然有時因搶得先機而撿到便宜，但若失敗也損失慘重，這是需要改善的地方。

家庭

這個名字的格局，在家時配偶會順從自己的意思，而另一半的態度顯得比較柔和但謹慎小心，會爲家庭的大小事情默默付出，會考慮家中成員的需要，自己容易受到配偶的關心與照顧，但是有些配偶比較不敢擅自做決定，都會需要你親自來解決，你會比較勞累一點。配偶有不滿不一定表現出來，容易悶在心裡不講，但有時會爆發出來不好收拾。自己比較會管教兒女，兒女會有恐懼權威的傾向，通常都會觀察兒女的作爲，會適時給予他們機會教育，但兒女容易因壓力大產生逃避的現象，讓自己付出更多的心力，雖然你是希望兒女能成龍成鳳，但兒女有時較無法接受，需要用較柔和的手段才行。

戀愛

這個名字的格局，容易遇到謹愼細心的戀人，在愛情裡通常希望能轟轟烈烈，但情況不一定能如你所願。交往時通常以自己的意見爲主，而自己的需求都會直接表現，希望對方能馬上配合你、滿足你，有時對方的意見，往往被你拒絕接受，或以各種方式推拖，你的態度就顯得霸道。就算對方跟你吵架，你總是不爲所動，對方沒有辦法佔到太多便宜，但是你會懂得分寸的拿捏，讓對方有臺階下。而對方有時雖然能明白你的心意，但由於你強勢的關係，不敢直接說出來，只會私下默默的去表現完成。

事業與財運

這個名字的格局，比較適合領導性質的工作，加上自己主觀意識強眼光準確，會輕易找出事情的問題所在，無形中給人準確有效率的好印象，加上自己事業心比較重，交代事情若不符合自己的期望，自己會很不滿意並重新來過，工作上會力求創新突破。事業上長官的意見敢反駁，會想辦法說服上司聽從自己的想法，若有意見或問題會直接公開表達，但會顧及他人的面子。財運方面自己比較有規劃，但配偶花費比較大一點，自己人際關係不錯，容易許諾借貸給別人，開源有餘但節流不足。

d.人格生地格

個性

這個名字的格局，通常是一個熱心但不懂得婉轉的人，因此會對任何人付出與關懷，尤其是家人或好友，往往硬要對方接受，但引起對方的反感。因此會對別人的事過度干涉，會要求別人照自己的意見，比較強硬專制一點，有時會讓旁人覺得很雞婆，嫌囉嗦而不理睬。自己在做事情方面，比較心甘情願，但對於新的事物方面，則採取試試看的態度，對一切外在的改變抱持做做看的樂觀想法。有時因肯嘗試而得到益處，但大部分是選擇不當而徒勞無功，這是需要改善的地方。

家庭

這個名字的格局，在家時自己會對配偶非常關愛，而另一半的態度顯得比較嬌寵而自主性強，自己會希望家中每一個成員都能盡心盡力，並且都能採用自己的意見，自己會比較囉嗦而喋喋不休，配偶有時會不耐煩而反彈，有什麼家務事自己都會幫忙做，連家裡大小事都會攬在身上，是標準的勞碌命。有不滿也會直接講出來，但容易中傷人。自己會比較疼愛兒女，兒女也會比較受到保護，通常都會為兒女準備一切，讓他們無後顧之憂，但兒女有時會認為理所當然，讓自己感到兒女不在乎的態度而難過不已，但無論如何還是不計較回報的付出，希望讓兒女成才。

戀愛

這個名字的格局，容易遇到自主固執的戀人，在愛情裡通常能為愛不惜付出一切，但對方有時不能察覺接受。交往時通常會希望對方聽從自己的意見，而對方的需求都會去傾聽，無論對方需不需要，都會替對方打點一切，但有時對方不一定能接受，或是認爲理所當然，不在乎你的所作所爲，你往往白費心機。就算心裡不滿而跟對方吵架，對方會說你無理取鬧，而不太願意讓步低頭，兩人會僵持好一段時間，而你有時雖然能明白對方的心意，但卻苦惱不知道如何去表達，使對方能夠完全明白，就算對方不接受，還是會爲對方積極付出。

事業與財運

這個名字的格局，比較適合執行性質的工作，加上自己好管閒事、求好心切的態度，會時時叮嚀別人注意，無形中給人鼓勵又親切的好印象，加上自己原則性比較強，交代事情若不照著自己的原則，自己會大發議論，工作上會盡力追求自我表現。事業上會提供長官意見做參考，但對上司會較有意見，若有意見或問題時會直接表達，並會選擇私下來處理。財運方面自己比較大方一點，有時會爲配偶花費，但對朋友的話因自己想得比較多，所以不容易借貸給朋友，不過有時會有不應該的花費出現的情況。

e.人格比和與地格

個性

這個名字的格局，通常是一個有時固執、有時隨和的人，因此會對任何人的付出與關懷，尤其是家人或好友，視爲稀鬆平常的事情。因此對人不能判斷分別，會有無所謂的心態出現，比較不在乎任何事物，有時讓旁人不能忍受。自己在做事情方面，比較優柔寡斷，但對於新的事物方面，有時採取積極接受的態度，有時則否，對一切外在的改變抱持想改變，但不知道怎麼改變的想法。有時因幸運找對方法而改變，但多數機會都因猶豫不決而把握不住，這是需要改進的地方。

家庭

這個名字的格局，在家時夫妻會彼此相互照顧，而另一半的態度顯得比較積極但操心煩憂，喜歡處理家中大小事情，會叮嚀家中每一個成員，自己也就容易受到配偶的說教，但配偶是爲了關心自己，有什麼事情配偶都希望能夠幫上忙，就算幫不上忙，也會在一旁替你分勞解憂，有不滿也會直接傳達給你知道，容易干涉過度而被你嫌囉嗦。自己對兒女會像朋友一樣溝通，兒女比較會察言觀色，通常兒女會知道孝敬長上，也會對人付出關懷與照顧，但兒女有時講話不婉轉、太過直接，讓自己聽起來很不舒服、很不是滋味，因此不願意兒女溝通，以致兒女有時猜不透你在想什麼，而私下大傷腦筋。

戀愛

這個名字的格局，容易遇到積極進取的戀人，在愛情裡面通常扮演王子或公主的角色，能得到對方不計較的付出。交往時對方會先順著你的意見，但是會盡量提供意見給你參考，雖然你不一定採用，但對方仍會在意你的選擇，有時你會表達自己意見，對方會願意配合及實行。若跟對方有所爭執，對方總是會先表示歉意，你往往表面不在乎，但心裡會考慮接受，而對方有時雖然能明白你的心意，但由於講話技巧的關係，說出來時不一定婉轉漂亮，讓你聽了覺得不是很高興，但會看情況接受對方的好意。

事業與財運

這個名字的格局，比較適合監督性質的工作，加上自己對人隨和對事執著的個性，又懂得待人接物，無形中給人公私分明的好印象，因爲自己比較擇善固執，會一直在同一個領域發展，而且會很投入，工作上也會盡力追求專業。事業上長官多半會跟自己交換意見，上司較會照顧提拔自己，若有意見或問題也會婉轉表達，但做決策時容易猶豫不決，這是要注意的。財運方面自己跟配偶有時過度節儉，有時過度花費，有時爲了要幫助朋友表現義氣，因此損失錢財，有不知規劃的情況出現。

三、人格與外格關係

外格代表：自己太太、朋友、同事、事業、貴人、財庫

人格代表：自己個性、思想、心性、才華

a. 外格剋人格

個性

這個名字的格局，不太喜歡出門逛街，會待在家裡做自己的事情，如看電視、睡覺等等，算是比較懶散一點。不過若有人找自己出去玩，那麼便會很快答應，而且會拚命的購物花費，像換了一個人似的。自己對喜歡與討厭的事情，分得很清楚，但是在別人面前不一定表現出來，會私下藏在心裡盤算，有時會不小心爆發出來，但是往往會被別人給說服軟化。

人際

這個名字的格局，在家時會比較順從父母，以父母的意見爲主，但若有問題想請求父母幫忙，不一定能得到幫忙，反之父母的要求會盡心盡力完成。在外面時容易受朋友影響，比較會聽從朋友的意見，朋友怎麼說就怎麼做，所以會遭朋友利用，而受到不必要的連累。若有配偶，配偶會對自己在外的行爲約束，並且對自己的交友過濾，自己內心會懼怕配偶一點，但配偶會擋掉不必要的麻煩。

戀愛

這個名字的格局，戀愛對象的標準不高，平常是處於被動的情況，沒有太大的意願談戀愛。不過如果遇到自己眞正喜歡的對象會主動出擊，算是少見的賭注冒險。跟戀人的朋友相處還算和諧，只是不容易打開心胸，會比較提防陌生的對象，表面上好親近實則不然。會答應戀人或戀人朋友的請求，只是容易遭到戀人或戀人朋友的拖累，有時會心生不滿，但會挑選時機來爆發。

事業與財運

這個名字的格局，比較適合內勤的工作，不太適合從事外務的工作。自己跟同事相處，比較會受到同事的影響，同事會喜歡找你幫忙事情，看似很有同事的人緣，實際上則是自己很努力打拚，但又不忍心拒絕別人的個性，讓同事有機會利用你來完成工作。雖然你能察覺到這樣的情形，不過一向溫和柔順的你，比較不敢當面反駁，但會在心中算計，清楚知道所有同事是如何對待你，你也會給予適當回報。財運方面自己進財較慢，但由於小心謹慎的作風，能採取穩當的手法理財，雖然會遭朋友或同事連累，但比較能守成。

b. 外格生人格

個性

這個名字的格局，雖然喜歡往外跑，但是需要有朋友才會願意出門，若沒有朋友來找的話，自己也會待在家裡，而且會東摸摸西摸摸，顯得很無聊。若有朋友約你出去，自己會很開心很高興，因爲喜歡跟朋友在一起聊天，又常常是朋友中的帶頭者。最不喜歡自己的意見被其他人否定，尤其是跟自己的原則違背的事情，會當場生氣，但事後不會放在心上。

人際

這個名字的格局，在家時父母會比較照顧你，父母會尊重你的意見，並很疼愛你，若有問題想請求父母幫忙，父母會想盡辦法去幫你完成，你通常有很好的靠山。在外面時會受到朋友照顧，朋友會給予很多意見，通常也會當你的貴人，比較會尊重你禮讓你，有問題會透過關係幫你解決。若有配偶，配偶會關心自己在外的行爲，並且對自己的交友情形過問，配偶內心會讓自己一點，但自己容易帶給配偶不必要的麻煩。

戀愛

這個名字的格局，戀愛對象的標準較高，平常會有很多戀愛的機會，會同時選擇跟多人談戀愛。但不一定清楚眞正喜歡的對象是誰，會一直重複相同的結局。跟戀人的朋友相處還算不錯，只是不容易放下身段，會比較希望別人禮讓自己，表面上很柔順實則不然。會答應戀人或戀人朋友的請求，但是不一定去完成，要看自己的心情與意願，對於戀人與戀人朋友的付出，視爲理所當然，不太能體貼對方。

事業與財運

這個名字的格局，比較適合內勤的工作，不太適合從事外務的工作。自己跟同事相處，會比較受到同事的照顧，若有不懂的業務問題，同事會願意幫忙指導，你容易成爲辦公室的核心人物，你表現天眞較無心機的個性，會讓同事看情況來巴結你，有時甚至希望從你那得到一些好處。不過你通常都會擺出無所謂的態度，只要同事不要來惹你，或者當面做你討厭的事情，你都能對同事和和氣氣。但是有時會因爲喜歡聽好話，而失去某些判斷是非好壞的能力。財運方面自己進財較快，但比較不那麼主動積極，而且有時又很主觀行事，以致有漏財的可能。

c.人格剋外格

個性

這個名字的格局，很喜歡出門逛街，很難待在家裡安安靜靜做自己的事，會一直想出去玩，並且會找很多朋友一起熱鬧。喜歡各種流行的東西，對於新奇的事物也勇於嘗試，還會推薦自己的經驗給朋友分享。平時對朋友分得很清楚，但是若有問題，會當面爆發出來，可是會很有條理的說服對方，讓對方心服口服。

人際

這個名字的格局，在家時父母會照顧你，你會要求父母許多事情，並且會說服父母自己的想法，若有問題會直接向父母請求，父母通常也願意去幫你。在外面時會利用朋友的資源，想辦法跟朋友要很多好處，朋友通常會當你的墊腳石，你卻對朋友斤斤計較，有問題也會透過人際關係幫忙解決。若有配偶，配偶不太敢過問你外面的所作所爲，並且會尊重禮讓你的朋友，配偶內心會懼怕自己一點，但自己容易對配偶的付出視爲理所當然。

戀愛

這個名字的格局，戀愛對象的標準滿高，平常是主動出擊的尋找對象，會喜歡跟各類型的人談戀愛。喜歡的對象很多但自己卻安定不下來，容易不斷地更換戀愛的對象。

跟戀人的朋友相處不算太好，比較會利用戀人或戀人的朋友，表面上精明能幹私底下卻斤斤計較。會答應戀人或戀人朋友的請求，但是也會要求相對的條件或利益來交換，有時會心生嫉妒不滿，對戀人或戀人的朋友出氣，以示不滿。

事業與財運

這個名字的格局，比較適合外勤的工作，不太適合從事內務的工作。自己跟同事相處，會主動影響同事並且親近同事，你會比較喜歡找同事協助工作，看似很有頭腦來完成事情，實際上是很會利用現有資源，來成就自己的需要，不過還算能回饋同事。你比較具有冒險精神，很清楚知道自己要的是什麼樣的事業夥伴，加上你有獨到的遠見及眼光，配合本身的領導才能，常常喜歡聚集眾人來組成公司，往往事業很有成就。財運方面自己賺錢很快，但由於大膽激進的作風，理財風險往往過高，財運也起伏不定，但進出會比較快。

d.人格生外格

個性

這個名字的格局，一天到晚喜歡往外跑，但是卻不知道爲什麼喜歡往外跑，其實是因爲比較留戀外面浮華虛榮的世界，認爲那比較眞實且能回味。雖然有人找自己出去玩，也會很快答應，而且會玩得很瘋狂，但是內心還是很空虛的。自己通常對朋友很好，但是私下會想掌控別人，會比較斤斤計較一點，不過有時太過於干涉別人的隱私，反招致別人的嫉妒。

人際

這個名字的格局，在家時你會照顧父母，會給父母許多的意見，並且會時時叮嚀父母，父母會嫌你囉嗦，若有問題想請求父母幫忙，父母會看情況給予幫助，你通常要勞心勞力。在外面時會照顧朋友，給予朋友很多意見，朋友通常也會適時的回饋給你，比較會感受到你的熱忱，有問題只要你敢開口，朋友都會答應幫忙。若有配偶，配偶對自己在外的行爲會注意，並且會對自己的朋友評頭論足，自己會尊重忍讓配偶一點，但配偶會比較愛說教發牢騷。

戀愛

這個名字的格局，戀愛對象的標準普通，平常是處於積極的情況，非常想談戀愛但不一定能如願。遇到喜歡的對象會主動關懷示好，無論對方欣賞或討厭都會付出。跟戀人的朋友相處還算和氣，只是喜歡叮嚀囉嗦，會對親近的人比較好，表面上很挑剔計較，但是出於關心。會答應戀人或戀人朋友的請求，但是不一定能得到別人的肯定，有時過度干涉戀人的隱私，會有爭吵的可能。

事業與財運

這個名字的格局，比較適合外勤的工作，不太適合從事內務的工作。自己跟同事相處，會比較想去影響同事，對周遭的同事很關心，也比較囉嗦一點，雖然對同事很不錯，但有時卻忽略到同事的隱私或尊嚴，幫助別人反被嫌雞婆或假好心，但自己總是忘不了教訓，還是繼續這樣的情形，讓同事有時不知道如何是好。你比較喜歡往外跑，喜歡新奇的人事物，知道很多新的消息與資訊，可用來幫助事業的發展。財運方面自己進財辛苦，但時間若夠久資源累積夠多，到一個階段後，進財會比較多比較快，但需要專注與耐心。

e.人格比和外格

個性

這個名字的格局，給人的第一印象通常是靜如處子、動如脫兔，外表看起來有點嚴肅但卻對人和善。實際上個性會顯得優柔寡斷，做什麼事情都會先爲別人著想，平常會跟朋友到處閒晃，去放鬆自己的情緒，或是消磨時間。在幫助朋友的困難時，若超過自己的能力就會陷入進退兩難的地步，最後可能自己會弄得很不好過。相對自己有困難時不曉得要不要跟朋友開口，但會告訴較好的朋友尋求幫助，雖然朋友願意幫助，但自己仍然會不好意思，會報答更多的回饋。

人際

這個名字的格局，在家時長輩或父母會看你的表現來獎勵你，你什麼事都會尊重父母的想法，父母也會認同你的意見，彼此溝通還算不錯。由於喜歡結交朋友，個性方面就顯得平易近人，行事作風大方光明，能時時刻刻爲對方著想。出外時對長輩或兄弟與朋友，自己會無條件的付出關懷，因此朋友非常多，但攸關自己利益的朋友會特別照顧，不過遭朋友連累的可能性也比較多。自己比較熱心公益，往往會讓他人覺得很好親近，但有時候卻又過於冷淡，這樣起伏不定的情緒，別人會誤解你，這是要注意的。

戀愛

這個名字的格局，內心常常有愛情的憧憬，你會想找能互相依靠扶持的對象，你個性天生開朗不計較，對所有人都很照顧，往往有喜歡的對象，會透過朋友來牽線，但容易有猶豫不決的態度，一旦認識對方，便全心全意關懷對方，會細心叮嚀對方與幫助對方，通常不論結果是成功還是失敗，還是會像朋友一樣的關心，雖然優柔寡斷，但不計較得失。

事業與財運

這個名字的格局，工作上會盡忠職守，事業方面的貴人算很多，但自己看到機會雖然會積極把握，但往往沒有仔細考慮，通常會選擇錯誤。長輩或上司對自己還算不錯，自己跟長官的互動溝通也很好，會得到許多人的欣賞與增加人緣，但有時候說話太直接而傷人，有時候卻又不肯透露自己的想法，別人會認爲你不好親近，這是要注意的。財運方面自己雖然肯努力，但若與人合作容易被連累，需要愼重選擇合作對象。

四、天格與地格關係

天格代表：自己父母、長輩、上司、貴人、財庫

地格代表：自己父母、太太、兒女、晚輩、部屬、貴人、財庫

a.地格剋天格

個性

這個名字的格局，通常是一個很肯做又衝勁十足的人，因此會比較不服輸，好勝心也非常強，加上靠著自己比較聰明，許多事情的看法深入，並且喜歡追求最後的答案，因此不怕任何權威，會一直勇往直前的去做，比較冒險一點，有時會獲得不小的成就。自己在做事情方面，通常都自以爲是，不太能向長輩請教，無法放下自尊心和身段。

家庭

這個名字的格局，在家時配偶的態度顯得比較主動強勢，由於配偶精明能幹，喜歡支配家裡一切大小事情，包括自己的父母親，加上母親也會管束自己，於是自己經常會有不滿，而且會直接表現脾氣出來，養成反抗權威的習慣。兒女會有驕縱的傾向，付出關懷與照顧雖然很多，但兒女卻不容易滿足，以致兒女有時獅子大開口，不一定知道體貼與敬重長上。

戀愛

這個名字的格局，容易遇到主觀意識很強的戀人，自己的想法容易被影響，對方是個很精明能幹的人，會將兩人的事情處理得非常清楚，你內心比較會聽從他的話，不太敢反駁對方的意見，會順從且贊成對方對你的一切安排，不過你會抱怨較多，但通常不能改善。

事業與財運

這個名字的格局，比較適合專門深入的工作，加上自己反對權威的觀念，會一直追求眞理，無形中在學術上有所成就。工作上會比較自負，對於能力差的前輩不太會尊重相處，事業上的貴人相對的也比較少，被提拔出人頭地的機會當然更少。財運方面自己比較揮霍一點，很難存到什麼錢。但配偶能左右自己的花費，較能控制和影響你。

b.地格生天格

個性

這個名字的格局，通常是一個很講究生活品味的人，因此會對住家的環境擺設付出心力設計。對家人或好友，有時候某些事情，不好意思跟他們當面講清楚，會將心事都藏在心裡，有時讓旁人不能瞭解自己的想法，而無法溝通情感，因爲你比較傳統保守一點，這是需要改善的地方。

家庭

這個名字的格局，在家時配偶的態度顯得比較積極囉嗦，由於配偶任勞任怨，喜歡過問家裡一切大小事情，會孝順自己的父母親，加上母親也會偶爾叮嚀自己，於是自己經常會受支持，但自己對於家人的關心，卻不好意思或不善表達。兒女會有開放的傾向，付出關懷與照顧雖然很多，但兒女卻懂得察言觀色，以致兒女有時會溫馨送勤，知道體貼與敬重長上。

戀愛

這個名字的格局，容易遇到照顧自己無微不至的戀人，自己的想法容易被贊同，對方是個很聽慧貼心的人，會特別對你的事情給予幫助，你內心比較不會聽從對方的話，但尚會尊重對方的意見，會希望對方支持你自己的一切安排，不過對方會說教較多，但通常不能避免。

事業與財運

這個名字的格局，比較適合穩定性高的工作，加上自己會有零風險的事業規劃觀念，故不太敢冒險，無形中失敗的機會也降低不少。工作上會比較盡心盡力，對於職場上的前輩也會百分之百尊重，事業上的人際關係相對的比較好，被提拔出人頭地的機會當然很多。財運方面自己會控制一點，比較容易存到錢。配偶會幫忙審視自己的花費，比較能叮嚀和注意你。

c. 天格剋地格

個性

這個名字的格局，通常是一個誠懇溫和的人，所以經常受到人家的肯定，加上自己向來勤奮節儉的生活模式，讓人有一種踏實的信賴感。不過由於自己行事比較保守，不太能創新求變，因此工作上的突破較難，相對的無法受到上司與貴人的提拔欣賞。又不太願意將自己的擔憂說出來，容易累積在心裡而形成精神壓力，這是要留意的。

家庭

這個名字的格局，在家時配偶的態度顯得比較安分守己，由於配偶任勞任怨被被使喚，家裡一切大小事情都會處理妥當，自己父母也會管束配偶，於是自己經常會要求配偶分擔家務，但自己對於配偶的關心，卻會用行動直接來表達。兒女會有謹慎的傾向，付出關懷與照顧雖然不很多，但兒女卻會敬畏自己，以致兒女有時會不敢說出心中的話，不太能與長上溝通。

戀愛

這個名字的格局，容易遇到聽從自己意見的戀人，自己的想法容易影響對方，對方內心會贊同你的意見，會給予你全部幫助，你內心比較不會體貼對方的想法，但會適時去安撫說服對方，希望對方無條件來認同你對兩人的安排，不過對方會付出較多心力，所以通常會過度勞累。

事業與財運

這個名字的格局，比較適合領導管理的工作，加上自己成熟穩健的觀念，無形中給人一種信任感，會使人想依賴你。工作上會比較踏實勤勞，但作風卻異常保守，對於職場上的前輩雖然尊重，但有意見卻不敢當面說清楚，會放在心中獨自憂慮。財運方面自己比較愛花費，錢容易因健康而流失。好在配偶會比較有條理，比較能管理幫忙你理財。

d.天格生地格

個性

這個名字的格局，通常是一個熱心且責任感很強的人，因此會對任何人付出與關懷，尤其是家人或好友，往往硬要對方接受，而引起對方的反感，有時會讓旁人覺得很雞婆，嫌囉嗦而不理睬。自己在做事情方面，比較容易受到別人的影響，尤其是自己的家庭若變故，傷害相當大。有時候必須量力而爲來處事，不當而徒勞無功的行事，是最需要改善及避免的地方。

家庭

這個名字的格局，在家時自己的態度顯得比較積極囉嗦，由於自己任勞任怨，喜歡過問家裡一切大小事情，加上母親也會偶爾叮嚀配偶，於是配偶經常會受到支持，但配偶對於家人和自己的關心，卻不好意思或不善表達。兒女會有開放的傾向，付出關懷與照顧雖然很多，但兒女卻懂得察言觀色，以致兒女有時會溫馨送勤，知道體貼與敬重長上。

戀愛

這個名字的格局，容易給予戀人自己叮嚀的意見，更想去影響對方，但對方不一定贊同你的意見，也不一定會接受你的幫助，對方內心比較不會體貼你的想法，但會適時去安撫說服你，希望你認同他對你們兩人的安排，不過你會付出較多心力，所以你通常會過度勞累。

事業與財運

這個名字的格局，比較適合監督服務的工作，加上自己熱心助人的觀念，無形中給人一種安全感，會使人想到要你幫忙。工作上會比較有理想抱負，但卻往往不太能夠令人滿意。雖然努力與忠心，容易獲得老闆賞識，又能抓住機會，對部屬也很體貼照顧。財運方面自己比較容易花費，但卻都是因爲替別人著想。配偶會比較受到你的叮嚀，而你會爲理財而傷腦筋。

e.天格比和地格

個性

這個名字的格局，通常是一個很講究生活品味的人，因此會對住家的環境擺設付出心力設計。對家人或好友，有時候某些事情，不好意思跟他們當面講清楚，會將心事都藏在心裡，有時讓旁人不能瞭解自己的想法，而無法溝通情感，因為你比較傳統保守一點，這是需要改善的地方。

家庭

這個名字的格局，在家時配偶的態度顯得比較積極囉嗦，由於配偶任勞任怨，喜歡過問家裡一切大小事情，會孝順自己的父母親，加上母親也會偶爾叮嚀自己，於是自己經常會受到支持，但自己對於家人的關心，卻不好意思或不善表達。兒女會有開放的傾向，付出關懷與照顧雖然很多，但兒女卻懂得察言觀色，以致兒女有時會溫馨送勤，知道體貼與敬重長上。

戀愛

這個名字的格局，容易遇到照顧自己無微不至的戀人，自己的想法容易被贊同，對方是個很聰慧貼心的人，會特別對你的事情給予幫助，你內心比較不會聽從對方的話，但尚會尊重對方的意見，會希望對方支持你自己的一切安排，不過對方會說教較多，但通常不能避免。

事業與財運

這個名字的格局，比較適合穩定性高的工作，加上自己會有零風險的事業規劃觀念，故不太敢冒險，無形中失敗的機會也降低不少。工作上會比較盡心盡力，對於職場上的前輩也會百分之百尊重，事業上的人際關係相對的比較好，被提拔出人頭地的機會當然很多。財運方面自己會控制一點，比較容易存到錢。配偶會幫忙審視自己的花費，比較能叮嚀和注意你。

五、天格與外格關係

天格代表：自己父母、長輩、上司、貴人、財庫
外格代表：自己父母、太太、朋友、部屬、貴人、財庫

a.外格剋天格

個性

這個名字的格局，通常是一個獨立自主的人，會規劃自己的方向與目標，一旦決定就不會動搖改變，喜歡向外冒險挑戰，遇到了問題或困難，也不肯輕易向現實低頭妥協，許多事情會一直兢兢的去做，比較容易受別人所稱讚，但有時過於突顯自己的功勞，招來不少人的嫉妒，甚至排擠自己，老闆的壓力會增加不少。

人際

這個名字的格局，由於配偶精明能幹，喜歡支配家裡一切大小事情，但是與父母的相處關係較緊張，配偶對父母的交代不一定照辦，反而會找理由來推辭，建議你婚後與父母分開住比較好。與朋友相處時，你的形象比較樂天豪氣，通常朋友會喜歡你做老大來發號施令，表面上熱鬧風光，但其實你內心非常孤獨，只是不太願意表現出軟弱的形象。

戀愛

這個名字的格局，戀愛上比較一板一眼，只會找自己喜歡的類型來談一場戀愛，戀愛時固守的原則也會較多，但是對方會比較壓迫你，希望兩人出門在外時，在朋友或外人面前能獲得尊重，不太喜歡對方的父母介入彼此戀愛，會跟對方父母相處不愉快。

事業與財運

這個名字的格局，工作能力相當強，會直接跟長官老闆建議，自己無時無刻都在打拚，雖然敬業但給同事一種無形的壓迫感，同事之間的相處會較緊張，有機會升遷，同事也會是最大的阻礙，不如自行創業，反倒會如魚得水。財運方面自己會精算一點，比較喜歡賺錢投資，長輩會給予你較多的實質幫助，但自己不一定懂得感恩，配偶對自己父母也比較苛薄。

b.外格生天格

個性

這個名字的格局，通常是一個很講求理想的人，因此是一個天生標準的夢想家。對家人或好友，有時候會拚命的對他們好，他們卻不太清楚爲什麼會如此，而你其實也不知道爲什麼，只是盲目的付出，有時會讓旁人心裡起疑心而防著你，這會讓你會顯得比較不切實際，也是需要改善的地方。

人際

這個名字的格局，由於配偶喜歡替人著想，喜歡忙家裡一切的大小事情，與父母的相處關係也不錯，配偶對父母的叮嚀會比較囉嗦，會直接說出父母的意見不妥之處，父母有時會心生不悅。與朋友相處時，你的比較喜歡結交朋友，通常朋友會喜歡找你幫忙，表面上熱心公益，但你能力其實有限，只是自己心甘情願想做。

戀愛

這個名字的格局，戀愛上比較多采多姿，喜歡不同類型的戀愛模式，但往往戀愛時想得較多實際行動卻很少，不過一旦行動就會全心全意付出，對方能感受到你的浪漫氣氛，兩人出門在外時，會主動對你的朋友好，會喜歡對你的父母付出，但父母親不一定高興認同。

事業與財運

這個名字的格局，工作熱誠相當強，會跟長官老闆建議一大堆事情，會爲了其他人而著想，有很遠大的計劃與理想，卻不容易實現。與同事相處時，自己常吃虧但不計較，人緣會提升不少，但容易做一個濫好人。財運方面自己比較不在乎一點，想賺錢但不一定有，會給予長輩較多的實質幫助，但不一定眞懂得長輩要什麼，配偶對自己父母也比較孝敬。

c.天格剋外格

個性

這個名字的格局，通常是一個誠懇溫和的人，所以經常受到人家的肯定，加上自己向來勤奮節儉的生活模式，讓人有一種踏實的信賴感。先天上運勢就不錯，常常會有不錯的機緣發生，容易受到上司與貴人的提拔欣賞。自己會因爲孝敬長上而奔波勞累，容易積勞成疾，這是要留意的。

人際

這個名字的格局，由於父母親比較喜歡替你們著想，喜歡忙家裡一切的大小事情，你跟配偶的家務會輕鬆不少，與父母的相處關係也不錯，父母對你們的叮嚀會比較囉嗦，會直接說出你們的意見不妥之處，有時你們會嫌父母煩。與朋友相處時，朋友會比較照顧你們，通常朋友會順著你的意思來幫忙，你也會懂得對等的付出給朋友，你的人際關係不錯，朋友會介紹更多朋友給你。

戀愛

這個名字的格局，戀愛上比較隨緣發展，會喜歡與自己興趣相同的對象，但戀愛的過程會比較辛苦，不過容易有好運來化解，對方跟你一樣感受較遲鈍，也不太會表達，若眞有問題也不願意解決，會堅持相處下去。兩人出門在外時，會得到朋友的照顧，父母也會給你們兩個人幫忙，你們會想盡辦法回報孝順。

事業與財運

這個名字的格局，比較適合領導管理的工作，天生就具有貴人相助的運勢，無論人事物方面都經常受到他人的提拔，在老闆或長官的心中受重視，若自己做老闆也能獲得不錯的部屬效命。財運方面自己會因爲意外而損財，錢容易因健康而流失。好在配偶會比較會注意你的身體，讓你無後顧之憂賺錢。

d.天格生外格

個性

這個名字的格局，通常是一個給人很有禮節的人，因此對任何待人接物的事情都很重視，尤其是家人或好友在的場合，往往是衆人注目的焦點。但有時對方會認爲你比較虛僞不實，看不慣你的作風，而不會跟你明說，你必須注意。工作上老闆由於對你印象好，給你機會表現也較多，但你會因爲太過求在老闆面前的表現而自私一點，對同事或部屬比較嚴格要求，忘了工作本身所要有的彈性。

人際

這個名字的格局，在家時自己會懂得應對進退的道理，由於自己很識相，家裡一切大小事情都處理得很妥當，父母親會很放心並會鼓勵支持你的決定，於是你容易有額外實質幫助。但與配偶的關係卻不太穩定，因爲你不一定喜歡配偶的意見，雖然配偶的意見比較好，你卻會在意自己的面子問題。與兄弟朋友相處很密切，不過有些是表面上的對你示好，其實私下不一定能支持你，甚至會看輕你，這是要注意的。

戀愛

這個名字的格局，戀愛上比較起伏不定，喜歡的對象有時會很照顧很關心，但有些時候卻又會過於嚴肅來管對方的事情，不過你還會好言去討好對方，對方可以知道你爲什麼這麼囉嗦，若眞有問題也不能解決，總是因猶豫不決而誤了時機。兩人出門在外時，你會跟朋友交際應酬，朋友對你的印象不錯，父母會喜歡拉近跟另一半的距離，不論你們是否在家或在外地。

事業與財運

這個名字的格局，比較適合協調公關的工作，加上自己本身交際應酬的能力，無形中給人一種親和力，不會使別人有壞印象產生。工作上會比較求表現，但卻往往不太能夠體諒同事或下屬雖然努力與忠心，容易獲得老闆賞識，不過也因爲怕失去這種地位，而行事有時會自私一點。財運方面自己花費雖大，但父母會在背後支持你。配偶會比較受到你的叮嚀，理財會有人替你傷腦筋。

e.天格比和外格

個性

這個名字的格局，通常是一個很講求理想的人，因此是一個天生標準的夢想家。對家人或好友，有時候會拚命的對他們好，他們卻不太清楚爲什麼會如此，而你其實也不知道爲什麼，只是盲目的付出，有時會讓旁人心裡起疑心，而防著你，這會讓你顯得比較不切實際，也是需要改善的地方。

人際

這個名字的格局，由於配偶喜歡替人著想，喜歡忙家裡一切的大小事情，與父母的相處關係也不錯，配偶對父母的叮嚀會比較囉嗦，會直接說出父母的意見不妥之處，父母有時會心生不悅。與朋友相處，你比較喜歡結交朋友，通常朋友會喜歡找你幫忙，表面上熱心公益，但你能力其實有限，只是自己心甘情願想做。

戀愛

這個名字的格局，戀愛上比較多采多姿，喜歡不同類型的戀愛模式，但往往戀愛時想得較多實際行動卻很少，不過一旦行動就會全心全意付出，對方能感受到你的浪漫氣氛，兩人出門在外時，會主動對你的朋友好，會喜歡對你的父母付出，但父母親不一定高興認同。

事業與財運

這個名字的格局，工作熱忱相當強，會跟長官老闆建議一大堆事情，會爲其他人而著想，有很遠大的計劃與理想，卻不容易實現。與同事相處時，自己常吃虧但不計較，人緣會提升不少，但容易做一個濫好人。財運方面自己比較不在乎一點，想賺錢但不一定有，會給予長輩較多的實質幫助，但自己不一定眞懂得長輩要什麼，配偶對自己父母也比較孝敬。

六、地格與外格關係

地格代表：自己父母、太太、兒女、晚輩、部屬、貴人、財庫

外格代表：自己太太、朋友、同事、事業、貴人、財庫

a. 地格生外格

個性

這個名字的格局，是個往往會被別人給說服軟化的人，加上自己喜歡留戀外在的世界，所以養成了隨和開朗的個性，不怕交不到朋友。但是由於如此，也往往很容易答應別人的要求而惹麻煩，但通常是不會得到教訓，會接二連三發生，直到有了穩定交往對象，或成家立業後才會減少。

人際

這個名字的格局，喜歡往外跑向外發展，在外面時會受朋友影響，會聽從朋友的意見，朋友怎麼說就怎麼做，比較會遭朋友利用，而受到不必要的連累。若有戀人或配偶，會對自己在外的行為約束，並且對自己的交友過濾，自己內心會懼怕另一半一點，但會省掉不必要的麻煩。

戀愛

這個名字的格局，戀愛時會全心全意投入，而忘記自己的能力到哪裡，往往是超過自己所能負擔的程度，但還是樂此不疲的替戀人分勞解憂。加上你是個念舊的人，戀愛時可能分手又和好在一起的情況會一直發生，這是由於你心太軟的緣故，這對你的戀愛穩定度是有損的，要注意改善。

事業與財運

這個名字的格局，事業上比較適合向外發展，由於本身喜歡交朋友，又熱心幫助同事，只要自己有事情大家都會願意反過來幫你，而你也不計較辦公室裡的流言，對長官的話很聽從，但要注意太過仁慈，而被人利用。財運方面自己喜歡往外頭跑，當然錢財花費較高，配偶也喜歡往外跑，你們必須做一個理財規劃，才能存得了錢。

b.外格生地格

個性

這個名字的格局，雖然喜歡往外跑，但是需要有朋友才會願意出門，若沒有朋友來找的話，會待在家裡。由於有忠厚老實的外表，配合溫和的脾氣，給別人的印象永遠是一副可靠穩重的樣子，當然在人際方面是佔有優勢的，但別人容易找自己幫忙，自己卻會耽誤應該完成的事情，這是值得注意的。

人際

這個名字的格局，在外面時會受朋友照顧，朋友會給予很多意見，通常會當你的貴人，比較會尊重你禮讓你，有問題會透過關係幫你解決。若有戀人或配偶，會關心自己在外的行爲，並且對自己的交友情形過問，另一半內心會讓自己一點，但自己容易給另一半不必要的麻煩。

戀愛

你是個很敏銳和聰明的人，跟戀人相處還算不錯，你平時不太愛說話，其實內心很悶騷，很懂得生活享受，也很重視休閒娛樂。會安排一個旅遊或約會，跟戀人一起去遊玩，會很沉浸在戀愛的浪漫氣氛中，對於兩人的將來有一套想法，也會很有規劃的去實現。

事業與財運

這個名字的格局，自己會比較照顧同事，若有不懂的業務問題，會願意幫忙指導同事，你容易成爲辦公室裡的濫好人，你表現天眞較無心機的個性，讓同事會看情況來佔你的便宜，有時會希望從你那得到一些好處。不過你通常都擺出無所謂的態度。但是有時會因爲喜歡聽好話，而失去某些判斷是非好壞的能力。財運方面自己進財較快，卻比較不那麼主動積極，但有時又很主觀行事，以致有漏財的可能。

c. 地格剋外格

個性

這個名字的格局，很喜歡出門逛街，很難待在家裡安安靜靜做自己的事，會一直想出去玩，並且會找很多朋友一起熱鬧。雖然如此但你對人的防備心卻相當重，讓人覺得你的城府很深，不敢隨便與你親近，特別是你會觀察人心，所以過度的自以為是會讓你瞧不起旁人，這會減低你的人緣。

人際

這個名字的格局，在外面時會利用朋友的資源，會想辦法跟朋友要很多好處，朋友通常會當你的墊腳石，而你卻對朋友斤斤計較，有問題會透過人際關係幫忙解決。若有戀人或配偶，不太敢過問你外面的所作所為，並且會尊重禮讓你的朋友，另一半內心會懼怕自己一點，但自己容易對配偶的選擇加以限制，尤其是事業與交友兩方面。

戀愛

這個名字的格局，戀愛對象的標準滿高，平常是主動出擊的尋找對象，會喜歡跟各類型的人談戀愛。喜歡的對象很多但自己卻安定不下來，容易不斷更換戀愛的對象。跟戀人的朋友相處不算太好，會利用戀人或戀人的朋友，表面上精明能幹私下卻斤斤計較。會答應戀人或戀人朋友的請求，但是也會要求相對的條件或利益來做交換，有時心生嫉妒，會對戀人或戀人的朋友出氣，以示不滿。

事業與財運

這個名字的格局，很會利用現有資源，來成就自己的需要，不過還算能回饋同事。你比較具有冒險精神，很清楚知道自己要的是什麼樣的事業夥伴，加上你有獨到的遠見及眼光，配合本身的領導才能，常常喜歡聚集眾人來組成公司，往往事業很有成就。財運方面自己賺錢很快，但由於大膽激進的作風，理財風險往往過高，財運起伏不定，但進出會比較快。

d.外格剋地格

個性

這個名字的格局，一天到晚喜歡往外跑，但是卻不知道爲什麼喜歡往外跑。雖然有人找自己出去玩，也會很快答應，而且會玩得很瘋狂，但是內心還是很空虛的。通常對朋友很好，但是私下會比較想掌控別人，因爲自己是個非常有主見的人，對於別人的看法總是不屑一顧，但又需要朋友的扶持，自以爲聰明的習性，長期下來很容易將身旁的小人當作貴人而被拖累，這是值得注意的。

人際

這個名字的格局，在外面時會照顧朋友，會幫忙朋友很多事情，朋友通常也會適時的回饋給你。只是與人相處時，會爲了面子問題，即使自己理虧也不肯妥協認錯，加上愛說大話的關係，使旁人對你的信用大打折扣。若有戀人或配偶，對自己在外的行爲會注意，並且會對自己的朋友評頭論足，自己會尊重忍讓另一半一點，但配偶會比較愛說教發牢騷，有時你會跟對方爭吵。

戀愛

這個名字的格局，戀愛對象的標準普通，平常是處於積極的情況，非常想談戀愛但不一定能如願。遇到喜歡的對象會主動關懷示好，無論對方欣賞或討厭自己都會付出。跟戀人相處不算和氣，會喜歡冷嘲熱諷，對親近的人很挑剔計較，不會答應戀人的請求，有時過度干涉戀人的隱私，會有爭吵的可能。

事業與財運

這個名字的格局，自己會比較想去影響同事，假裝對周遭的同事很關心，也比較雞婆一點，雖然對同事很不錯，但只是爲了證明自己有多麼了不起，幫助別人出於自己比較行的觀念，往往惹得人家看不慣而有所行動，而自己總是忘不了教訓，還是繼續這樣的情形，讓同事有時不知道如何是好。財運方面自己進財辛苦，若有配偶幫忙進財會比較多比較快，但雙方容易有口角而損感情，而影響理財。

e.地格比和外格

個性

這個名字的格局，是個容易被別人給說服軟化的人，加上自己喜歡留戀外在的世界，所以養成了隨和開朗的個性，不怕交不到朋友。由於如此，往往很容易答應別人的要求而惹麻煩，但通常是不會得到教訓，會接二連三發生，直到有了穩定交往對象，或成家立業後才會減少。

人際

這個名字的格局，喜歡往外跑向外發展，在外面時會受朋友影響，會聽從朋友的意見，朋友怎麼說就怎麼做，比較會遭朋友利用，而受到不必要的連累。若有戀人或配偶，會對自己在外的行爲約束，並且對自己的交友過濾，自己內心會懼怕另一半一點，但會省掉不必要的麻煩。

戀愛

你是個很敏銳和聰明的人，跟戀人相處還算不錯，你平時不太愛說話，其實內心很悶騷，很懂得生活享受，也很重視休閒娛樂。會安排一個旅遊或約會，跟戀人一起去遊玩，會很沉浸在戀愛的浪漫氣氛中，對於兩人的將來有一套想法，也會很有規劃的去實現。

事業與財運

這個名字的格局，自己會比較照顧同事，若有不懂的業務問題，會願意幫忙指導同事，你容易成爲辦公室裡的濫好人，你表現天眞較無心機的個性，讓同事會看情況來佔你的便宜，有時會希望從你那得到一些好處。不過你通常都擺出無所謂的態度。但是有時會因爲喜歡聽好話，而失去某些判斷是非好壞的能力。財運方面自己進財較快，卻比較不那麼主動積極，但有時又很主觀行事，以致有漏財的可能。

参

生肖姓名學的迷失與比較

一、生肖姓名學的迷失與比較(一)

國內探討姓名學的論述，可謂五花八門，生肖姓名學使用者愈來愈廣，但依生肖姓名學理論基礎改過名的人，慢慢會發現，不好的運勢並沒有明顯改善，甚至比未改之前還糟。理由很簡單，太執著於姓名字型象徵意義，又加上本身相信姓名筆劃相生爲吉的人，往往就忽略了五行生剋的互動關係，結果反而弄巧成拙，眞的是得不償失了。

生肖姓名學是不是完全沒有參考價值了呢？也不見得。

有人把姓名學評得一文不値，甚至說最多只有三％的可信度，但事實勝於雄辯，我常在大型公開演講中，馬上就斷出陌生聽衆的個性、運勢及六親對待關係狀態，準確度至少七、八成，聽過解析的人除了讚歎不已之外，多半會要求我幫他改名，甚至願意花錢學會這套學問，可見比較式姓名學並非無中生有，是經得起考驗的。

生肖姓名學和比較姓名學的差異性在哪裡？試舉肖鼠的兩個人爲例。假設有一對雙胞胎兄弟，哥哥叫呂奇穎；弟弟叫呂明郁，我們試著從坊間生肖姓名學及比較式姓名學來剖析它的優劣處。

外格	字	劃數	五格
		1	
	呂	7	8金天格
外格	奇	8	15土人格
金17	穎	16	24木地格
		31	木總格

8，15，24，17，31等劃，坊間都認定是好的，且互爲相生，而所取的字也都是符合生肖姓名學的原則。

生肖姓名學解析此一名字，呂為口，老鼠喜歡鑽地洞，有兩口，故為得地，此名字的人，得父疼母愛，本人也很聰明，求學過程順利，少年得志；奇字的陽邊大，鼠喜大為王，十二生肖跑第一，對未來有規劃，婚姻順利，夫妻恩愛美滿；穎16畫，穎有申子辰三合，有老鼠喜用的字。

三才五格筆劃也是大吉大利，天格8劃依傳統姓名學的評語是剛毅持久，有進取之勇，努力發達，名利雙收，成功可期；人格15劃為福壽圓滿吉祥的最大吉數，有祖上、長官的惠澤垂顧兼得下屬之拱護敬慕，得享榮華富貴於一身；地格24劃有家門餘慶，赤手空拳打天下成功立業之數，健康、財富、名望三者得兼，子孫還可承其餘蔭；外格17劃有意志堅定，突破萬難之大吉數；總格31劃為順利圓滿，智仁勇兼具之首領數，遇事百折不撓、腳踏實地、統御大眾，成就大志大業，繁榮富貴集於一身。

在五行生剋方面，人格天格相生、地格人格相生、人格外格相生，可謂集於一切好格局之大成。

但是比較姓名學卻不掉入如此自欺欺人的圈套，比較姓名學可以看出許多坊間姓名學所看不到的玄機。

以呂奇穎來說，生剋狀況爲人格生天格、地格生人格、人格生外格、總格剋人格、地格剋天格、地格剋外格、外格生天格。

此格局的人聰明伶俐，得人緣，但由於生多，內心會顯出驕性，做事有頭無尾，但很會察言觀色，點子多，卻常常窒礙難行，要讓兄弟姊妹幫忙收尾；異性緣很好，看起來斯文有禮，做事都能有一體兩面的做法，但總是恆心不夠，事業起伏大，兩性桃花多，老婆外表看起來可以左右他的看法，實際上卻影響不了他，產生他對任何事情爲所欲爲，所以從懂事以後，都讓父母操心，從小頭部容易受傷，長大以後事業不穩定，婚姻也容易亮紅燈，老婆會做人，但久而久之會騎到他頭上，他無法約束老婆，以致婆媳關係惡化，婆婆有怨言。

可見三才相生，名字筆劃用得好，卻不見得一生中都很順利。

弟弟呂明郁則是傳統姓名學所謂的壞格局。

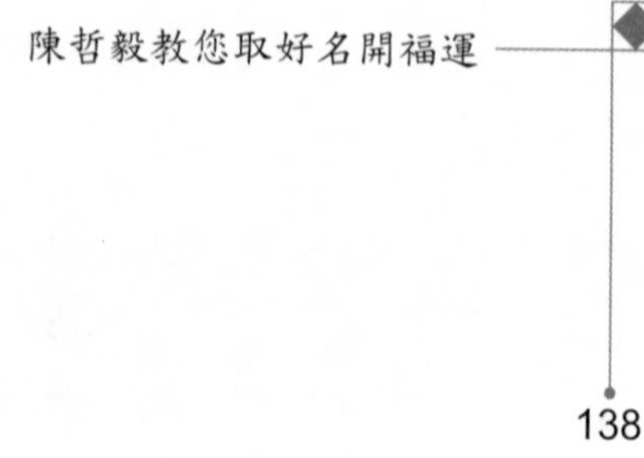

首先由生肖姓名學的適用字來看，老鼠是喜好在夜間活動的動物，俗稱見光死，所以應避免使用以日爲字根的字，如：昭、智、書、意、是、暉、日、旦、旭、明、昆、易、昊、昀、旺、昌、星、春、昶、時、映、星、晃、晉、晏、晟、晨、景、晶、晴、曉、曾、會、潛、意，日月爲明，如此明亮的字，老鼠最爲忌諱。

老鼠的天敵是蛇，最好勿用「弓」、「几」、「邑」、「辵」等字根的字，因爲弓有杯弓蛇影的味道；几及邑、廴則為蛇形的象形含義，故忌用張、邱、鄧、那、邦、郎、郁、都、鄔、鄒、鄭、選、達、造、逸、迎、迪、逢、連、進、道、運、遠、邁、巴、孔、艷、梵、彌、弼等字眼。

接著看呂明郁的筆劃吉凶，呂明郁為天格8劃、人格15劃、地格21劃、外格14劃、總格28劃，總格28劃在傳統姓名學中被視為離別之凶數，禍患別離，一生辛苦難成之凶險運格，擁有此數者一生為妻兒子女奔波勞碌，且凶剋子孫或家人別離，爭論不休，甚至演至衝突招致刑罰孤寡之害，易奔走他鄉或殺傷血光之凶惡運格。

外格14劃也不吉利，傳統姓名學視為淪落天涯、破敗短命之凶數，擁有此數的人為家族緣薄、兄弟姊妹離散四方、喪親亡子、骨肉分離、病痛、凶厄、刑罰之運格。

在生剋配置上，地格剋人格、天格剋地格、外格剋天格，可謂字差，剋多，一無是處。

但比較姓名學卻不依如是觀。

呂明郁的格局是地格剋人格、人格生天格、外格生人格、天格剋地格、外格剋天格，此格局的人從小到大，很聽父母親的話，做事任勞任怨，不善於耍心機，憨厚老實，但相對的，不會察顏觀色，嘴巴又不甜，但很會接受別人的意見，在工作上做得賣力，雖然所獲得的褒獎少，但很實在，腳步雖較慢，推銷能力沒呂奇穎的順溜，但為人做事有始有終，所找的配偶雖然強勢，但會尊重配偶，配偶也樂於幫助他，婆媳關係十分和諧，雖然剛開始婆婆不太認同或喜歡媳婦，但到最後仍會找她。

二、生肖姓名學的迷失與比較(二)

生肖姓名學重視字形字義的配襯，就以肖牛的來說，最好的字是艸字部首、田字部首、米字、禾字、麥字、叔字、菽字、豆字、車字、宀字、島字、羽字、酉字、辵字等部首。

因爲牛是草食性的動物，名字中若能用到艸字部首，對他的物質生活或精神上的需求都能得到撫慰和滿足，如芝、萍、豐、苗、蓮、華、蓓、莉、菲、萃、蔚、蔓等。

牛是來自田野，喜歡徜徉於大自然的動物，在田野間吃草或耕種，都會覺得很快樂，所以用上田的字根，非但他這輩子不愁衣食，也能奉公守法，在工作崗位上任勞任怨，發揮所長。

牛吃素不吃葷，名字上最好能用有米部、禾部、麥部、叔部、菽部、豆部等部首的字，表示一生可以衣食無缺、無憂無慮，如用粱、程、科、麥、穠、登、燦、豔、秀、示、將、秦、種、稟、稻、穀、稷、稼、穎、米、豆、豐、凱等字眼。

牛的天職除了耕田之外，還能拉車，因此若肖牛的人用車部首，則有將牛升格成馬的意味，能力受到肯定，雖然工作難免更辛勞，但終能獲得長官賞識、提攜，給予更崇高的職位，車部首的字如軒、連、運、軾、蓮、車、暉、輿等字。

肖牛的名字中若有宀的字，表示可進屋內休憩，對終年勞累的牛來說，可獲休養生息的棲身之所，如宜、家、宛、宏、宇、廉、庭、椀等字。

牛和蛇、雞稱爲三合，所以名字中用上「鳥」、「羽」、「酉」、「辵」等部首的字，如鸞、鳳、菲、白、毛、邁、遷、金、酉、西、非、兆、凰、兌、秋、鳥、譯、醫、飛、建、鶴、雀、鳥、巴、鳴、鴻、鵠、鵲等字。

肖牛者不適用的字：

牛在大太陽下耕種或行走都很辛苦，因此在名字中最好避免用到日或山的字，否則會弄得精疲力竭，身心難獲安頓，病痛隨之而來，日或山部首如春、晶、旭、明、易、旺、昶、暉、曉、智、昱、崇、峰、峻、岳、山、岡、嶸等字。

牛不吃葷食，因此不宜用代表心臟內臟用的心字根，如忠、恕、愛、志、恆、懷、怡、恬、恩、惠、慧、意、情、愉、悅等字。

牛不喜肥大，肥大的牛，容易被挑選成為祭品，也應避免用有大、王、帝、君、長、玉、冠等字根，如央、大、夫、奎、瑞、璋、理、珍、玫、珮、珠、琴等字，有托大之嫌，易惹來意外之禍。

牛被當作祭祀用的牲禮雖然很榮耀，但卻是以犧牲生命換來的，所以肖牛的人避免用示字部的字眼，如社、禯、禮、祖、崇、祐等字。

牛和羊屬丑未相沖，所以應避免用到羊部首的字，否則剋在一到，會有生離死別的情況發生，例如：群、達、妹、善、儀、祥、義。

牛的地支為丑，馬的地支為午，丑午為穿害，俗語說：「風馬牛不相及」、「牛頭不對馬嘴」，所以名字裡儘量避免用到有馬的字，如驥、騰、駱、許、夏、丙、丁、竹、牛、群、篤、南、紅、馮、瑪、駿等。

肖牛的人避免用到堯、舜、禹、雍、熙等和古時帝王名諱，因為硬要稱君稱王，非但自己很辛苦，也會損害到自身的健康。

我們試以肖牛的陳牧宏、陳昌瑞兩人為例，陳牧宏在生肖姓名學、傳統八十一吉凶數都是好的，牧為牛的同義字，宏有寶蓋，表示在宅內，有安棲之所，但比較姓名學的著眼點卻有很大的不同。

	姓名	筆畫	五格
	1		
		16	17 金天格
外格	陳		
		8	24 火人格
金 8	牧		
		7	15 土地格
	宏		
		31	木總格

此格局為人格生地格、人格剋天格、地格生天格、人格剋外格、天格生外格、地格生外格。

整個格局可以看出，他很有心、很想衝，但衝得很辛苦，婆媳關係很差，因爲地格生天格、天格生外格，媳婦不理會公婆的想法，什麼事情都是被老婆掌控得死死的，以致缺乏貴人，也比較膽小、放不開，是是非非多。

外格	姓名	筆畫	五格
		1	
	陳	16	17 金 天格
外格	昌	8	24 火 人格
土 15	瑞	14	22 木 地格
		38	金總格

反觀同樣肖牛的陳昌瑞，首先名字就不合生肖姓名學的標準∴昌有兩個日，牛怕在太陽底下工作，汗流浹背，何況是兩個太陽，更加辛苦和勞碌∴瑞爲玉字邊，牛忌做王，容易惹來殺身之禍。

但由比較式姓名學角度來看，此格局為人格剋天格、地格生人格、人格生外格、地格剋外格、外格生天格，勤勞肯做，按部就班慢慢來，不隨便耍嘴皮子，耐力強，較不善於包裝、推銷自己，但為人很實在。

婆媳關係上，媳婦對公婆很好，可惜不得寵，因為老公陳昌瑞不懂得兩邊討好，對老婆尊重，由老婆管家，但老婆不會超過自己本分，雖難免有小人，但多半能逢凶化吉。

三、八字與姓名學相輔相成的關係

很多人認為姓名學只用數字就來評斷人的吉凶禍福，有失之武斷，且毫無客觀標準可言。

說這話的人，有一半對，卻也有一半是錯的，因為光從數字筆劃吉凶就來論斷人的一生，連我都認為毫無意義；但如加上數字五行，以及數字五行所衍生出來的三才五格生剋關係，姓名學的準確率就大大的提升了。

而我這套由三才五格對待關係的解析法則，和子平八字研發者徐子平的理念是不謀而合的。

將八字理論套入我的比較式姓名學，人格為主體，我生為子孫，我剋為妻財，生我為印綬，剋我為官鬼，同我為兄弟。

A.我生爲子孫，同陰同陽爲食神；有陰有陽爲傷官

食神代表食祿之神，食神的作用爲洩身、生財、損官、制殺，若身旺而食神得力，能洩日主之秀以生財，殺星太重，則得食神制殺而化殺爲權；食神喜通根旺地，名利雙得，可利人濟物；若身弱洩多，則一生必爲悲苦清寒，壯志難酬。

日干強者喜見食神，但食神忌見偏印奪食，喜見劫財；尤其日主偏弱者，若食神衆多，易形成有財無印；若用財星，力道嫌弱；若用食神，洩重而更虛，故喜見比肩劫財同類來相依，能任洩任財，困頓盡除。

我生又代表我付出、我表現、我欣賞浪漫、我愛幻想、無中生有、太主觀，食神的特性則爲同情、有愛心、隨興。一陰一陽爲傷官，傷官可遇正印來剋制，傷官有制，則個性誠實守信用，食神則不可制。

傷官也被視爲命盤中的凶神，因它能傷害正官，使日主不受約束，放蕩形骸，唯一例外就是日主若強，財官殺均無，則可用傷官吐秀；日主強，財星輕，則可取傷官洩氣

生財，若日主弱，遇食神洩氣，則需有賴印星生身制去食神，故知日主強者，喜見傷官之盜氣，也喜食神之盜洩；可見傷官之喜忌，全看日干之強弱而定。

女命不可爲傷官，因爲傷官會剋正官，正官是女子的老公，故女命中有正官、傷官，即使有心想幫助老公也是徒勞無功，傷官重、正官無力，女命易剋夫；傷官重正官也重，大運若走正官運，也對自己本身不利。

傷官的特性爲愛出風頭、執著自己看法，喜好創作，不受拘束、好勝。行運走到食神或傷官的大運或流年時，大都能發揮你的聰明才智，文藝創作會有明顯成就，也較有生理需求的發洩、婚姻感情的得失；女性易有得子機會。

B.我剋爲妻財，同陰同陽爲偏財，一陰一陽爲正財

一陰一陽爲正財，正財爲男命之妻，但須身強，有印綬食神相扶，才能供我使用；忌見比肩、羊刃、空絕，變爲身弱，則不爲我用。

財不管正財偏財，皆喜見印綬，且必能發旺得福，正財的人守信用，克勤克儉，男

性大都懼內，正財最好是藏在地支，若在天干容易被奪，正財的人多半賺辛辛苦苦掙來的錢，不適合投資創業，所以在商場上較不容易迅速致富，由於賺錢辛苦，所以會有吝嗇小器的傾向，交際手腕也差了些。

正財的特性為支配、征服、執著、擁有，個性會比較現實。

同陰同陽為偏財，偏財也就是所謂不勞而獲之財、意外之財，命帶偏財又坐天乙，月德貴人者更為應驗，偏財的人不重視金錢，花錢大方，有俠義心腸，所以很得人緣，男命偏財指女友或情婦、小老婆，因常對異性有金錢上的施捨，易發展婚外情。

偏財也代表有流動之財，命中帶偏財、日主旺且帶食傷者，不適合任職公家機關，可自行創業，因為生意頭腦一級棒，偏財不宜太多，一個就足夠，偏財若空絕且逢空亡，財運不佳。

偏財的特性為身體力行、規劃執行，投資理財。

C.生我為印綬，一陰一陽為正印，同陰同陽為偏印

一陰一陽爲正印，在八字論斷裡，正印算是好的星，它能保護正官，克制傷官。身弱官殺重的人，喜印生身，身弱食傷強的人，喜印來剋制，印不限當不當令，只要有根，皆可取用。

男命正印代表母親，女命則指父親，正印也代表人望及社會地位，正印與正財同柱，主妻子和婆婆不和，因爲財剋印，太太常會對婆婆不滿，表示此人做事欠缺考慮，常常虎頭蛇尾，但印星若太旺，則易養成依賴個性，比較欠缺獨立自主精神。

同陰同陽爲偏印，偏印的人富創造力，喜學技藝，但多學少成，常白忙一場，偏印的人會計較，我吃虧他佔便宜，弄得自己很不快樂。

偏印者的特性爲孤僻、不合群、生活嚴謹。

D. 剋我爲官鬼，一陰一陽爲正官，同陰同陽爲七殺（亦有稱之爲偏官）

一月一陽爲正官，喜身旺或有印綬、食神相引，又名祿神，逢官看財，能以忌身弱或見偏官、傷官、刑沖、入墓，正官主貴氣，故不喜刑沖破害。

正官格的人極正派，聰明而富理性，通常都是文官、紳士者流，男性正官、七殺代表子息，明而有力則子賢；女性正官、七殺爲丈夫，明而有力則代表丈夫有才能且事業有成。

正官的特性爲正直、順從、墨守成規，重視禮教倫常、聲望、地位。

同陰同陽爲七殺，男命七殺爲欺負我的上司或小人；女命則爲男友。

七殺也表示名譽及地位，具此命格的人有權威及勢力，七殺爲忌神，若出現在年柱，表示祖上清寒；若現於月柱，而年上見喜神，表示祖業興隆，但到父輩即家道中落。

一般談女命官殺混雜會有外遇，或易婚姻破裂，並非全然如此，反不如說是事業心太重，正業副業到處兼，七殺制化得宜，通常會從事軍警或武職。

七殺命格的特性有命令、強制、敵對、小人、志氣、霸道。

E.同我爲比劫，一陰一陽爲劫財，同陰同陽爲比肩

一陰一陽爲劫財，比肩和劫財同屬兄弟或朋友，若再細分，則男命劫財爲姊妹，女命劫財爲兄弟，劫財若出現在年柱或月柱，通常都不是長子，劫財若和羊刃同柱且劫財星多，男命易剋妻，妻命佳者則易婚變。

劫財的特性爲想到什麼就做什麼，容易衝動、富攻擊性，常喜歡用行動來解決事情。同陰同陽爲比肩，命帶比肩者，人際關係很好，常常是一個團體中的甘草型人物，事業上喜歡獨資，不適合合夥生意，日主弱的人最好服務公職或當上班族，經商較爲不利。

男命比肩指兄弟，女命比肩指姊妹，比肩坐長生、建祿、帝旺，表示兄弟成就不輸本人。

比肩的特性爲對我之好意，卻不爲我所樂於接受，也代表同性的朋友、同性的同事，男性的兄弟或女性的姊妹。

比較姓名學即以數字的陰陽來區分陰陽，奇數爲陽，偶數爲陰，以人格爲主體，我生爲子孫，同奇同偶爲食神，一奇一偶爲傷官；我剋爲妻財，同奇同偶爲偏財，一奇一偶爲正財；剋我爲官鬼，同奇同偶爲七殺（偏官），一奇一偶爲正官；生我爲父母，同奇同偶爲偏印，有奇有偶爲正印；同我爲兄弟，同奇同偶爲比肩，一奇一偶爲劫財，而同我即含有生我、我生各一半的成分，即父母和子孫各占一半。

將名字配入六親關係，在五格裡面，以人格代表我的主導地位，然而這也只是初層的看法，認眞思考下去，三才五格，各格都是你，各格都是他，如以名字視爲八字來看，名字中的人格代表日主、日元，各格爲六親，再深入一點地說，地格爲人格的內在；外格爲地格的內在；天格爲我；地格爲他；地格若爲我，天格就爲他；天格若爲我，外格即爲他；外格爲我，天格即爲他；地格爲我，外格即爲他；外格爲我，地格即爲他；地格爲我，總格即爲他；總格爲我，地格即爲他；外格爲我，總格即爲他；總格爲我，外格即爲他。

比較姓名學裡的對應關係，和傳統八字的闡釋法，在敘述上有一些角色及層次上的差異。

八字中所說的我生爲食傷，但以姓名學的角度來看，我生他，我變成他的父母，人格以父母來論，我變成是正印、偏印。

地格生人格，看起來像是父母，其實是子孫，是我的貴人，八字的食傷表示日主很累，生我則我變成是他的子孫。

我剋爲妻財，別人是官鬼，我卻是正財、偏財，他會幫助我，我可以一手掌控。剋我爲官鬼，代表的是正官、七殺。

有三個明的，人格和天格爲明的，人格和地格爲明的，人格和外格爲明的，是以外在的情況，由人格自己來主導，主要的關鍵點在人格和地格，是你成長的地方、受教育的地方、受磨練的地方，你人生哲學智慧的狀況都在人格與地格，你明的內心是在人格與外格，因爲人格與地格是你和媽媽的關係，人格與外格是你和媽媽的內在關係；人格與地格是你和媽媽的外在關係，人格與地格是媽媽對你的內在關係，角色一轉換，也是你和老婆的內在與外在關係，因爲配偶六親在地格，地格有內外，地格是你的外在，外格是你的內在，不純然代表朋友。

以上尙屬於比較姓名學裡的第一個層面，更深一層的觀念則是我們的天格與地格、天格與外格，在姓名學裡，雖然人格看起來很重要，其實重點卻是在你的地格，看地格的心有沒有被控制住、被壓抑住、有沒有叛逆的因子。

你的格局是天格剋地格或是外格剋地格；或是地格剋天格、地格剋外格；地格剋總格還是總格剋地格。

明顯的長輩，在比較姓名學裡有兩個地方，是天格和總格，各格也有你的長輩，外格是你的長輩、地格也是你的長輩。

如格劃分，就看你站在哪個位置，若論婆媳關係，天格爲公婆，地格爲媳婦；地格爲媳婦的心；外格爲媳婦的內在；總格爲配偶的父母。

天格不能直接和總格比，一定要由人格與地格、地格與總格、天格與地格加起來才可比較。

肆

姓名八十一畫吉凶大顛覆

長期以來，姓名學八十一劃吉凶數一直是人們奉行的最高指導原則，萬一姓名犯了凶數，則會寢食難安，想盡辦法改名，八十一劃吉凶數眞的那麼嚴重嗎？河洛理數易經學會理事長陳哲毅認爲大謬不然。

陳哲毅理事長指出，八十一數是由日人熊崎氏根據蔡九峰所研發，加以闡述並引進，完全未顧及五行生剋變化及先天後天因素，常有失之毫釐、差之千里的情況。

爲破除熊崎氏八十一劃吉凶靈動數的迷思，陳哲毅理事長試舉熊崎氏筆劃最凶的幾組姓名爲例，印證姓名吉凶並非全由筆劃數而來。

依熊崎氏筆劃數觀點，逢四、九、〇筆劃者，多爲不吉利數字，試舉總格凶數者爲例，熊崎氏認爲筆劃十九數者，風雲蔽月，徒勞無功之數，雖有才華但無良運，以致事業常受挫，有損丁破財之厄，甚至有牢獄之災；二十數者破滅衰亡，逆境橫生之數，主心性不定，一生劫數，年少易失怙喪偶，體弱多病而一事無成，或夭折或嘆子女之不幸，孤寡愁淚不絕，百事不全，終身進退維谷，慘澹熾烈，亦有絕地逢生之機運；二十二數者秋草逢霜、諸事不順之數，做事不如意，常遇挫折、徒勞無功，陷於病弱孤愁不平、困難逆境，一生漂泊不定，有牢獄之災，子女不孝，女性易有外遇，晚年悽慘；二十六數者變動無常、波濤助瀾之數，富正義感，一生難得幸福，生命坎坷，勞苦奔波且懷才不遇，女性不宜早婚，否則易守寡，且易有家破人亡、孤獨、無子嗣，淫亂、短命之厄；二十七數者慾望無止，易於挫折之數，雖有才智卻難成功，即使成功也只是曇花一現，主觀意識強，且孤立無援，易受挫折、誹謗或牢獄之災，女性則性情過剛，口舌善辯；二十八數者厄運連連，災難接踵之數，一生懷才不遇，難有幸福日子，終生徒勞而無功，具豪傑氣概，惜與家族緣薄，刑剋子孫，易奔走他鄉或血光之災；二十九數者慾望無止、弄巧成拙之數，足智多謀，可平步青雲而成大業，有財力、權力之運格，但往往不知足，任意從事，以致常弄巧成拙，一發不可收拾，有雙妻格，宜嚴以律己，晚年成功隆昌之運；三十數者爲絕地逢生、浮沉不安之數，早婚易刑偶傷子，女性難覓對象，成功機運如到，宜居安思危守成，以免敗落；三十四數者家破人亡、病弱短命之數，亂離破財，劫運層出不窮，內外破敗，萬事齟齬，病弱短壽而家破人亡，常事與願違而有離亂現象；三十六數者波瀾萬丈、浮沉變動之數，一生難得幸福，冒然前進易鑄大錯，雖爲俠氣心腸，卻仍體弱短壽而爲厄死厄亡凶運。三十八數者意志孱弱、失意難成之數，有名而無利，缺乏統帥之威望和才幹，多言而反覆無常，宜多修養自己，可朝美術、技藝方面發展其才華；四十數者冒險投機之數，相貌堂堂，有智慧有膽識，但因性情驕傲而不得人緣、孤掌難鳴，若能安分守己則會相安無事，女性意志薄弱、性情頑固，有厄病纏身之苦；四十二數者爲空具才華、諸事難圓之數，處事不專、多愁善感，女性病弱易怒且多災厄；四十三數者爲散財破產、諸事不順之數，表面好看，內在苦不堪言，常惹災禍，雖有才智，但有志難伸，易家破人亡，散財多於收入，女性孤僻多操煩；四十四數者爲逆忤橫生、悲運慘澹之數，有才幹但事與願違，多病痛且精神易失常，有殘廢短命發狂之虞，自古怪傑、偉人、烈士、孝子、節婦、發明家等皆出自此數；四十六數者一生變怪、離鄉背井之數，有牢獄之災，缺乏精力魄力，困頓失敗，易陷孤獨、短命等禍，女性易守寡，病弱短命之凶數；四十九數者孤獨病弱，衰敗潦倒之數，前途坎坷多歧路，易陷於損失、災厄，晚年更爲淒慘。

接著讓我們對照一下當今名人，不難發現，有些凶數者反而都是一生風風光光，婚姻仕途順順利利，可見熊崎氏筆劃吉凶數確有其盲點，不若五行生剋配合八字命名來得周延。

以下是上述凶數之名人榜，未及備載者更多，直斷式姓名學只是要告訴您，八十一數吉凶不是唯一的標準，有了凶數筆劃，不要「艙呷艙睏」，看看別人想想自己，就會豁然開悟了。

十九畫名人有：王洪文、尤英夫、康水木、王人傑、曹伯一等。

二十畫名人有：李煥、江丙坤、林秋山、李本京、李台京、胡軌、黃杰、林玉体等。

二十二畫名人有：宋長志、石永貴、倪文亞、江上清、林先保、林南生、林兆釧、宋艾克、冷若水、王志剛、詹火生、徐小波等。

二十六畫名人有：吳伯雄、劉兆玄、王作榮、李樹久、陳木在、李厚高、郭石吉、李亦園、呂東英、馬紀壯、周書府、錢純、華加志等。

二十七畫名人有：吳英昭、高孔廉、詹志宏、王榮周、楊亮功、梅可望、余玉賢、薛岳、吳建國、薛人仰等。

二十八畫名人有：李元簇、錢復、陳堯、單小琳、張自強、陳小紅、陳長文、洪文洲、梁尚勇、王章清、曾虛白、宋心濂、高魁元、高惠宇、鄒堅、殷章甫、趙寧、李慶安、段宜康、江蓋世等。

二十九畫名人有：丁懋時、邱正雄、林登飛、宣明智、張京育、沈昌煥、卜達海、錢用和、林金莖、秦茂松、周柏雅、柯景昇、林晉章、陳水扁、李高朝、胡志強、孔繁定、陳威仁、藍三印、黃光國、胡念祖等。

三十畫名人有：連戰、徐立德、張昌邦、林振國、羅本立、傅崑成、楊西崑、陳菊等。

三十四畫名人有：李登輝、宋楚瑜、蔣仲苓、李遠哲、李鍾桂、夏鑄九、吳家聲、楊亭雲、趙自齊、陶鎔、羅友倫、劉安祺、許金德、陳璧、鄭博久、吳金贊、吳英璋、楊泰順、羅明旭、許淵國等。

三十六畫名人有：楊崇森、黃越欽、高清愿、汪道淵、郭婉容、張繼正、黎昌意、劉闊才、陳健治、秦慧珠、林瑞圖、簡太郎、陳武雄、林嘉誠、洪德旋等。

三十八畫名人有：蘇南成、簡漢生、蔡鴻文、查良鑑、陳田錨、章孝嚴、羅文嘉、陳龍安、王效蘭、費鴻泰等。

四十畫名人有：戴瑞明、朱家讓、許翼雲、賈毅然、華國鋒、鍾思嘉、歐晉德、廖清碧等。

四十二畫名人有：鄭貞銘、嚴家淦、鄭志龍、陳廷寵等。

四十三畫名人有：陸潤康、謝瑞智、閻振興、蔣緯國、鄭逢時、張騰蛟等。

四十四畫名人有：劉松藩、陳紀瀅、馬樹禮、張豐緒、顏慶章等。

四十六畫名人有：蕭新煌、瞿韶華等。

四十九畫名人有：張溫鷹、曠湘霞、蔡鐘雄等。

伍

由姓名人格數來個別分析（僅供參考）

伍、由姓名人格數來個別分析

一劃

人格　行事穩健負責，凡事都有計劃，注重實際情況與工作，有企圖心，自律甚嚴，有自制力，因此受人尊重與敬佩。

二劃

人格　樂於爲他人服務，爲人熱心，但個性倔強，有點兒剛愎自用，喜與人做口舌之爭，以致內心常感空虛煩悶。

三劃

人格　個性外向，喜歡從事各種活動，爲人樂觀、豪爽，若與外格相生，人緣佳，且容易得到朋友的幫助。女子具有才華，魅力無限，但因個性好勝不願服輸，一生多勞心勞力，即使婚後仍難得清閒，爲家庭操勞。男女之異性緣皆佳。

四劃

人格　雖有高遠理想但凡事多遇阻礙，性格上較爲憂鬱、悲觀，內在個性像休火山，一旦爆發勢不可擋。主觀意識較強，喜歡我行我素。

五劃

人格　待人斯文有禮，性情溫和，好面子，愛排場，對待部屬寬厚，頗受部屬尊敬與歡迎，此格適合任公職人員或薪水階級，若想經商只能從事小本投資，否則小心血本無歸。

六劃

人格　對外人緣相當好，待人慷慨大方，他人拜託之事一定完成到底，意志格相生時，必能得到發展的運程，即使是上班族亦能平步青雲。

七劃

人格　好勝心特別強，性格主觀重，加之毅力及鬥志旺盛，凡事喜歡自己做決定，不願受到他人的干涉或牽制，適合從事創新行業的開發工作，但大運或財運被傷則懷才不遇。

八劃

人格　個性吃苦耐勞，做事腳踏實地，對於物質生活看得很淡，大都靠自己的努力奮鬥而得到成功，無財運配置者則凡事少成，且大都事倍功半、白做工。

九劃

人格　個性聰明，好勝心強，常以個人的意見而我行我素，有財運配置者，或可誤打誤撞而得到名利；但財運配置不佳時，則一生多半是懷才不遇。

十劃

人格　心機深沉，反應靈敏，處事態度較傾向於消極之，適合做研究開發的工作，不管其學歷高低，大都有文學或技藝方面的才華，若被天運生助，成功率相當大。

十一劃

人格　凡事都有計劃，注重實際狀況與工作，可自創家業，理想高遠且能按部就班，得到平步青雲之運程。

十二劃

人格　喜歡爲他人服務，爲人太重面子，且好管閒事，個性倔強而稍稍固執，善於口才辯論，外表看似樂觀，其實內心常空虛煩悶。

十三劃

人格　人緣佳且容易得到朋友的幫助，做事積極，爲人樂觀豪爽，但個性好辯不服輸，女人則一生多勞碌，婚後仍需爲家庭辛苦。男女異性緣皆佳。

十四劃

人格　性格上偏向杞人憂天、悲觀，理想高遠但阻礙多，凡事難達心願，內在個性火爆，常在不知不覺中發脾氣。

十五劃

人格　對部屬寬厚雅量，性情溫和、斯文，最能受到尊敬與歡迎。此格適合任公職或上班族，若想經商應從事小本行業，大投資恐會血本無歸，但精神生活非常充實。

十六劃

人格 外在人緣相當好，待人和藹可親，被人拜託之事一定負責到底。意志格相生時，必能得到發展的運程，即使是受薪階級亦能平步青雲，但財運或大運受剋則減福。

十七劃

人格 性格主觀好勝心強，毅力和鬥志超強，凡事喜歡獨斷獨行，不願受到他人的干涉或牽制，適合從事創新行業的開發工作，但大運或財運被傷則有懷才不遇之嘆。

十八劃

人格 比較不注重物質生活，做事腳踏實地，努力而堅忍，大都靠自己的奮鬥而得到成功，無財運配置者則凡事少成，一生勞多而利少。

十九劃

人格 常以個人的意見而剛愎自用，生性聰明且好勝心強。有財運配置則可誤打誤撞而得到名利；財運配置不佳時，則一生有懷才不遇之嘆，此格之人性格過於率直不懂委婉，很容易得罪別人而不自知。

廿劃

人格　凡事多謀多劃，頭腦靈敏，心機深沉，處事傾向於消極、悲觀，適合做研究開發的工作，此格不論學歷高低，大都有文學或技藝方面的才華，若被天運生助者，成功的機率相當大，但若被剋則多官訟是非。

廿一劃

人格　凡事善於計劃並有領導才華，行事穩健，注重實際，個性主觀且理想高遠，自律甚嚴，受人尊重與佩服。

廿二劃

人格　個性倔強而固執，爲人熱心，喜爲他人服務，喜歡強辭奪理，或許造成內心的空虛煩悶。

廿三劃

人格　做事積極喜參加各種活動，對朋友講義氣，與外格相生，人緣佳，且有外援幫助。女子內在有才情，外在有魅力，但個性好勝不認輸，一生多勞碌，婚後仍是爲家庭打拼。男女皆桃花運佳。

廿四劃

人格　對未來理想高遠，觀念正確，做事謹慎而細心，內在個性強，一旦爆發很難制止，若有財運配置，可得穩定性的發展，但大運被傷則成敗起伏大。

廿五劃

人格　性情表面溫和，內在其實倔強，好面子，常打腫臉充胖子，而有與身分不相符之言行，一生雖盡心力，到處鑽營但凡事少有成績，以致對人生不平不滿。建議此格之人凡事宜守爲安，好高騖遠只有徒增煩惱。

廿六劃

人格　在外人緣好，個性固執，但心地善良，別人拜託的事，能夠盡力幫忙，意志格相生時，必能堅持到底達成願望，若爲薪水階級亦能步步高陞，但財運或大運被剋則減福，在打拼過程中挫折亦較多。

廿七劃

人格　個性主觀，好勝心強，喜歡強辯行事，忍耐力很強，且鬥志旺盛，凡事喜歡自己做決定，不願受到他人的干涉或牽制，因此適合自己創業及從事開發工作，但因個性所致成功有限，大運或財運被傷則是懷才不遇之格。

廿八劃

人格　個性吃苦耐勞，做事多勞多爭，比較不注重物質生活，凡事靠自己的努力奮鬥，而得到成功發展，無財運配置者，則凡事少有成就，且一生勞多而功少，比較容易捲入法律訴訟糾紛。

廿九劃

人格　做事努力且毅力強，個性聰明，性情坦率，有財運配置者，中年前就可名利雙收，；財運配置不佳時，則一生只能平凡度日。

三十劃

人格　心機深沉，反應靈敏，處事態度冷靜，適合從事研究開發的工作，此格不論學歷高低，大都有文學方面的才華。若被天運生助，則成功率相當大；被剋漏，則凡事少有成就。

三十一劃

人格　大都心地善良，凡事善於計劃，行事穩健，注重實際生活與工作，有理想且自律甚嚴，得人尊重與敬佩。

三十二劃

人格　爲人善良好相處，喜爲他人服務，個性有些倔強，所幸凡事安分守己，容易得到長上或親友的幫助，被天運剋害則無。

三十三劃

人格　個性主觀，好勝心強，喜積極從事各種活動，爲人樂觀豪爽，與外格相生，人緣佳且容易得到別人的幫助。女子具有才華與魅力，個性好勝不服輸，故一生多勞碌，即使婚後仍難得清閒。男女異性緣皆佳。

三十四劃

人格　有理想但似乎好事多磨，阻礙甚多，性格上有憂鬱的傾向，內在個性火爆，主觀意識較強，喜歡我行我素，有財運配置者亦能成功。

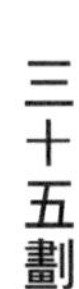

三十五劃

人格　對待部屬寬厚，性情溫和，斯文有禮，並受到部屬的尊敬與歡迎，此格適合任公職或薪水階級，若想經商只能從事小投資，否則易血本無歸。

三十六劃

人格　在外人緣尚佳，喜歡管閒事，受人拜託之事，亦都能盡力完成，意志格相生又有財運配置者仍可成功；若財運或大運所剋，則一生徒勞而無功。

三十七劃

人格　毅力很強，性格主觀，衝勁十足，凡事喜歡由自己決定，不願受到他人的干涉或牽制，適合從事創新行業的開發工作，成功運佳，但大運或財運被傷，則懷才不遇。

三十八劃

人格　做事腳踏實地，具有吃苦耐勞的個性，和文藝方面的才華，比較不注意物質生活，凡事大都靠自己的努力奮鬥而來，無財運配置則凡事少成就，一生勞多而利少。

三十九劃

人格　因過人的毅力而得到成功，個性聰明且有創業之才華，有財運配置則成功運早達，；財運配置不佳時，則一生有懷才不遇之嘆，大都勞碌一生而無所得。

四十劃

人格　處事態度傾向消極，反應靈敏，心機深沉，適合從事研究開發的工作，不論學歷高低，大都有文學方面的才華，若被天運生助，成功率亦相當大。

四十一劃

人格　頭腦聰敏，行事穩健，凡事善於計劃安排，注重實際情況與工作，有理想，自律也甚嚴，極易受人尊重與敬佩。

四十二劃

人格　喜爲他人服務，爲人熱心，個性倔強而固執，善於與人口舌之爭，內心常感空虛煩悶。

四十三劃

人格　爲人樂觀豪爽，喜歡參加各種活動，但內心常有不安之感，易爲異性問題惹上麻煩是非。女子具有才華與魅力，個性好勝不認輸，一生多勞碌辛苦，婚後仍難得清閒。男女都有桃花運。

四十四劃

人格　理想高遠而凡事少成就，性格上、精神上都比較勞苦，內在個性剛硬，主觀意識較強，大都以自己的意見行事。

四十五劃

人格　好面子，愛排場，性情溫和，斯文有禮，對待部屬寬厚，能受部屬尊敬與歡迎，此格適合任公職或薪水階級，若想經商應從事小資本之投資，否則血本無歸。

四十六劃

人格　在外人緣好，對朋友是兩肋插刀，個性固執而心地善良，意志格相生時，必能堅忍而達成願望，薪水階級者亦能按部升遷；但財運或大運被剋則減福，奮鬥過程挫折亦較多。

四十七劃

人格　具有領導才能，性格主觀，奮鬥力強，頭腦靈敏，凡事喜歡由自己決定，不願受到他人的干涉或牽制，適合從事創新行業的開發工作，但大運或財運被傷，則有懷才不遇之憾。

四十八劃

人格　做事腳踏實地，具有聰明與才華，及吃苦耐勞的個性，凡事都靠自己的努力奮鬥而來，無財運配置則凡事少成就，一生牢騷滿腹。

四十九劃

人格　常以個人的喜好而爲所欲爲，個性聰明而好勝心強，有財運配置則可誤打誤撞得到名利；財運配置不佳時，則一生有懷才不遇之嘆。

五十劃

人格　處事態度較爲消極，反應靈敏，心機深沉，適合從事研究開發的工作，不管其學歷高低，大都具有文學方面的天賦，若被天運生助，成功率亦相當高。

五十一劃

人格　能夠按部就班，凡事善於安排計劃，注重實際狀況，理想高遠且自律甚嚴，受人尊重與敬佩。

五十二劃

人格　喜爲他人服務，爲人熱心，個性倔強而固執，善於與人口舌之爭，內心常有空虛之感。

五十三劃

人格　爲人樂觀豪爽，喜歡參加各種活動，與外格相生，則人緣佳容易得到別人的幫助，但內心常有苦悶感。女子具有才華與魅力，個性好勝不認輸，一生多勞碌辛苦，婚後仍難得清閒。

五十四劃

人格　理想高遠但陷入眼高手低之場，性格上易憂鬱不安，內在個性火爆，主觀意識較強，喜歡我行我素。

五十五劃

人格　喜排場，好面子，花錢不知節制，性情溫和，斯文有禮，大都先吉後凶，此格適合考入公職或薪水階級，若想經商應從事小本投資，大投資反而難成。

五十六劃

人格　爲朋友兩肋插刀，個性固執而心地善良，在外人緣好，意志格相生時，必能堅持到最後，達成願望，即使是薪水階級亦能按部升遷；但財運或大運被剋則減福，奮鬥過程挫折亦較多。

五十七劃

人格　凡事喜歡自己決定，性格主觀，好勝心特別強烈，忍耐力很強，大都能早年得志，適合創新行業的開發工作，但大運或財運被傷則懷才不遇。

五十八劃

人格　比較不重視物質生活，凡事大都靠自己的努力奮鬥而來，具有吃苦耐勞的個性，做事腳踏實地，無財運配置則凡事少成就，且勞多利少。

五十九劃

人格　常以個人的喜好而爲所欲爲，個性聰明而好勝心強，有財運配置則可誤打誤撞得到名利；財運配置不佳時，則一生有懷才不遇之嘆。

六十劃

人格　處事態度較爲消極，反應靈敏，心機深沉，適合做研究開發的工作，不論學歷高低，此格大都具有文學方面的才華，若被天運生助成功率亦相當大。

六十一劃

人格　努力且有耐心，凡事善於安排、計劃，注重實際生活與工作，理想高遠且自律甚嚴，極易得人尊重與敬佩。

六十二劃

人格　喜爲他人服務，爲人熱心，個性倔強而固執，善於口舌之爭，內心常有空虛煩悶之感。

六十三劃

人格　爲人樂觀豪爽，做事積極而主動，與外格相生，則人緣佳，容易得到別人的幫助，女子具有才華與魅力，個性好勝不服輸，一生多勞碌，婚後仍難得清閒。

六十四劃

人格　性格上容易憂鬱，理想高遠但凡事多遇阻礙，內在個性火爆，主觀意識較強，喜歡我行我素。

六十五劃

人格　喜排場，好面子，對待部屬寬厚，性情溫和，斯文有禮，能受到尊敬與歡迎，此格適合擔任公職人員或薪水階級，若想經商應從事小本投資，有財運及大運佳時，生活無憂。

六十六劃

人格　別人拜託之事能夠盡力去幫忙，個性固執而心地善良，在外人緣好，意志格相生時，必能堅持到底達成願望，若爲薪水階級亦能平步青雲，但財運或大運被剋則減福，奮鬥過程中挫折亦較多。

六十七劃

人格　凡事親躬，性格主觀好勝心強，鬥志力旺盛，不願受到他人的牽制，適合創新行業或研究開發的工作，但大運或財運被傷則懷才不遇。

六十八劃

人格　比較不重視物質生活，具有吃苦耐勞的個性，做事腳踏實地，凡事大都靠自己的努力奮鬥而來，無財運配置則凡事少成就，大運被傷則運程中多是非不安。

六十九劃

人格　常以個人的喜好而爲所欲爲，個性聰明而任性，有財運配置則可誤打誤撞而得到名利，財運配置不佳時，則一生有懷才不遇之嘆。

七十劃

人格　處事態度傾向消極，反應靈敏，心機深沉，適合做研究開發的工作，頭腦聰明而凡事少成就，若有財運配或天運被生助，成功率亦相當大。

七十一劃

人格　具有研究開發的頭腦，個性努力且凡事有計劃，注重實際生活與工作，理想高遠，且自律甚嚴，比較能夠受人尊重與敬佩。

七十二劃

人格　個性倔強而稍帶固執之感，外表樂觀，具有爲他人服務的精神，實際上內心常有空虛煩悶的傾向。

七十三劃

人格　人緣不好，容易得到別人的幫助，有勇無謀，缺乏持久的恆心，女子具有才華與魅力，個性好勝不服輸，一生多勞碌，婚後仍難得清閒。

七十四劃

人格　理想高遠，以致眼高手低，內在個性火爆，喜歡我行我素，愼防突來的失敗打擊。

七十五劃

人格　喜排場，好面子，對待部屬寬厚，性情溫和，斯文有禮，此格適合任公職或薪水階級，若想經商應從事小本投資，大投資反難成功。

七十六劃

人格　別人拜託之事能夠盡力去幫忙，個性固執而心地善良，在外人緣好，意志格相生時，必能堅持到底達成願望，薪水階級者亦能步步高陞；但財運或大運被剋則減福，奮鬥過程挫折亦較多。

七十七劃

人格　好勝心強，常有與身分不相應之企圖，性格主觀，凡事喜歡自己做決定，不願屈居人下，有創業的魄力，但有早成晚衰之相，大運或財運被傷則易中途陷入困境。

七十八劃

人格　靠自己的努力奮鬥而成功，有吃苦耐勞及聰明的才華，做事大都能默默地耕耘，無財運配置則凡事少成就，最後陷入勞苦不安之運程。

七十九劃

人格　常以個人的意見行事，才智聰明，但喜歡我行我素，有財運配置則可誤打誤撞而得到名利；財運配置不佳時，則一生有懷才不遇之嘆，容易陷入憤世嫉俗之境。

八十劃

人格　處事態度常常具孤注一擲之傾向，反應靈敏，頭腦聰明，適合從事研究開發的工作，有文學方面的才華，若被天運剋害，則有懷才不遇之嘆。

陸

破解熊崎式人、總格數吉凶之比較式論法

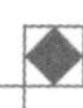

陳哲毅比較式姓名學

前言

總筆劃數都一樣，爲什麼兩個人的個性和運勢相差那麼遠？傳統姓名學拘泥於81劃靈動數，如果使用者太過執著，恐怕會有草率論錯的情況出現。總筆劃，三才五行差很多，筆者鑽研姓名學數十年，感受尤爲深，現在決定以比較式的交叉配對解析法，爲有意更進一步探索姓名學奧秘的讀者，開啓一扇實務印證的大門，解開姓名學領域裡的最後一道死符。

一、姓名上下做對調，保守個性變大膽

傳統論斷姓名81吉凶靈數者，將37數抱爲權威數，但是如果用的是以下的格局，非但威風不起來，甚至可能變成軟腳蝦。

A.

	1		
	16〉	17	金天格
木 12	10〉	26	土人格
外格	11〉	21	木地格
	37	金	總格

B.

	1		
	16〉	17	金天格
木 11	11〉	27	金人格
外格	10〉	21	木地格
	37	金	總格

這兩組姓名，只是名一和名二互調，總筆劃不變，但格局卻變了樣。兩造的相同點是天格剋地格，天格剋外格，所以內在都比較保守。

A格局的人由於人格都被地格、外格所剋，可說是保守中的保守，做任何事都不敢放手一搏，非常在意別人的決定，尤其是重大的決定，往往會受到配偶的影響，處處受到不必要的限制，凡事小心得過分，雖然心思還算細膩，本身能力也不錯，但手腳總是慢人家一步，以致於有時候失去大好的機會。

B格局的人則是人格分別剋地格和外格，做事非常大膽，勇於嘗試不同的事物，表面上容易接受新的觀念，敢頂撞他人，做任何事敢衝，較不考慮後果；幸爲天剋地來制衡，所以是外在顯得衝動，內在會聽從長輩或貴人的話，懂得適時自我反省，所以內心想法仍屬保守型。

二、筆劃五格皆相同，變化全在陰陽中

如果姓名總筆劃相同之外，天格、人格、地格、外格、總格都一樣，傳統姓名學的說法是個性、運勢都一樣，但是「比較姓名學」的解析則大不相同。

A.

	1		
	5〉	6	土天格
木 12	8〉	13	火人格
外格	11〉	19	水地格
	24	火	總格

B.

	1		
	5〉	6	土天格
木 11	9〉	14	火人格
外格	10〉	19	水地格
	24	火	總格

兩造都是人格生天格，地格剋人格，外格生人格的格局，但仔細一瞧，還是有一些不一樣的玄機，重點是在五格中陰陽的變化。A格局的人格、天格為一陰一陽：人格、地格無陰陽(全為陽)。B格局則是人格、天格無陰陽(全為陰)；人格、地格為陰陽(一陰一陽)。

兩者的共通點就是都很尊重另一半(配偶)，在家會比較聽從配偶的話，但A格局的人生性較保守小心，處理事情採取謹愼態度，不太敢膽大妄為，因此從小到大不會讓父母操心，懂得聽長輩的話，做起事來慢慢來，有詳細計劃，凡事參考另一半的意見，以另一半的意見為優先考量；B格局的人，則是容易受朋友的影響，朋友的品行好壞對自己很重要，但往往又容易交到不良的朋友，常有不理智的衝動行為，不會諒解別人，凡事以朋友的立場為依歸，常有錯誤的判斷，另一半雖然看不過去，但卻很難讓他改變一切。

三、盲目追求好筆劃，不如生剋好安排

我們常看到有些人的名字，似曾相識，有的會放上面，有的放下面，就是傳統姓名

學使用者的盲點，以爲總筆劃不好，改個格局會不會變好一些，其實姓名學最重要的是在格局生剋造化上的安排，不必拘泥於筆劃好壞，試舉兩個實例。

A.

	1		
	16 〉	17	金天格
木 11	8 〉	24	火人格
外格	10 〉	18	金地格
	34	火	總格

B.

	1		
	16 〉	17	金天格
水 9	10 〉	26	土人格
外格	8 〉	19	水地格
	34	火	總格

兩個姓名的總格相同，天格、地格五種也一樣，但是A格局爲人格剋天格、人格剋地格，這樣的人處事較圓通，懂得人際關係的對待掌握，自己很主觀且心有定見，不太受別人的蠱惑，爲人精明能幹，喜歡求表現，很受父母長上疼愛；B格局則是人格生天格、人格生地格，雖然很孝順長輩，本身也任勞任怨，但有話只會放在心裡口不開，有些時候跟家人的溝通有問題，而且人格剋外格，對事不對人，個性比較衝動，做事不會

三思後行，只希望趕快完成，不計後果，一意孤行的結果，容易招致失敗。

四、總格數雖是相同，人地外格同變異

A.

	1		
	16〉	17	金天格
火 13	11〉	27	金人格
外格	12〉	23	火地格
	39	水	總格

B.

	1		
	16〉	17	金天格
木 11	13〉	29	水人格
外格	10〉	23	火地格
	39	水	總格

A、B兩個格局裡爲兩個共同點，即總格都是39，天格都是生人格(比較姓名學的實證理論是字劃小生大，17劃和27劃雖同屬金，但17比27小、故17金生27金)。

A格局爲地格剋人格、外格剋人格，本身是一個盡責的人，責任心也重，對家庭付出得很多，但是獲得的回饋卻很少，往往家人還嫌不夠，自己身體容易勞累過度，加上

本身個性柔弱順從，有話只藏在心裡不說，配偶久而久之變強勢，自己卻敢怒不敢言，憂鬱埋怨自己全然承受。

B格局則是人格剋地格、人格生外格，天生的貴人運強，很受長上的保護與賞識，長輩與貴人的意見會認眞去實踐，做事情果斷不拖泥帶水，凡事先做了再說，也不太管結果是什麼，自己傾向獨來獨往，配偶就算採取強勢態度，也無法駕馭得了他，他就是習慣這樣剛強的作風。

五、姓氏往往差一劃，命運就不同造化

最常見的情況，是「王」是五劃或四劃的判斷爭議，以倉頡部首爲依據的一派認爲王是五劃，是從玉部而來，但也有人認爲王實際算起來只爲四劃，當然要以五劃論，我們試舉下述二實例做分析：

A.

	1		
	5〉	6	土天格
木 11	10〉	15	土人格
外格	11〉	21	木地格
	26	土	總格

B.

	1		
	4〉	5	土天格
木 12	10〉	14	火人格
外格	11〉	21	木地格
	25	土	總格

差一劃，格局就差很多，A格局爲人格生天格、地格剋人格、外格剋人格，此種格局的人原本就保守行事，做事謹愼小心，本身看法古板不知變通，無法有創新的觀念產生，又不懂得包裝來推銷自己，或替自己和別人講些好聽的話，做事情常是事倍功半，缺乏外力來幫助，產生這種吃力不討好的情形，自己只適合做幕僚工作，聽從管理階層的命令；B格局的人則爲人格生天格、外格生人格、地格生人格，出外容易有別人的幫助，爲人處事思慮周密，加上懂得體恤別人，知道運用人際的交際手腕，也懂得包裝推銷自己，適合從事業務工作，容易有良好的部屬。

六、名字只是少一劃，人生遭遇皆變化

A.

	1		
	7〉	8	金天格
金 18	7〉	14	火人格
外格	17〉	24	火地格
	31	木	總格

B.

	1		
	7〉	8	金天格
金 17	7〉	14	火人格
外格	16〉	23	火地格
	30	水	總格

如果姓名增減一劃，依傳統姓名學的論點，五行變化不大，但依比較姓名學的觀點仍視爲有所差別。

A格局爲人格生地格，因爲比較姓名學的五行是以小數生大數，故爲14生24劃，而B格局人格14、地格23，則是地格生人格，23劃的3比14劃的4小，故23生14。

A格局的人常爲父母或家庭付出而不計較回報，也會替父母分勞解憂，任何意見都

會順從父母的心意，但本身婆媳關係卻搞得很不好，配偶的權利慾望重，要丈夫聽從自己的看法，喜歡當家作主顯示權威，處在婆媳間凡事自己作不了主，反而成了夾心餅乾，不知道如何是好；B格局懂得對父母貼心，而且父母都會體諒他，因此對父母越好，相對獲得的越多，自己的配偶不敢隨便拿蹻，懂得察言觀色，在家裡安分守己，至少丈夫在的場合都會聽他的，處理家務事及婆媳關係，得心應手爲事半功倍之數。

七、外剋地自怨自艾，地剋外內斂謹慎

在比較式姓名學裡有一種現象則是名字多一劃或少一劃，有可能天格、人格、地格生剋都沒變化，如下面兩個實例：

A.

	1		
	5〉	6	土天格
金 7	6〉	11	木人格
外格	6〉	12	木地格
	17	金	總格

B.

	1		
	5〉	6	土天格
金 8	6〉	11	木人格
外格	7〉	13	火地格
	18	金	總格

由於比較姓名學是小數生大數，所以凡格局中的11和12都屬木，但非比和，而是11生12（小生大）；B格局也是人格剋天格，人格生地格，差別只在A格局爲外格剋地格，B格局爲地格剋外格。

A格局的人，交朋友不是很有眼光，不太斤斤計較，因此較不會選擇朋友，容易被朋友拖累，往往吃虧機會很多，卻不太能改善，所娶的配偶不是很理性，容易發脾氣與鬧情緒，配偶所作所爲惹得父母不悅，不過父母不會當面指責，但背地裡嗟嘆埋怨，怨聲載道傳到自己耳朵裡；B格局的人則較內斂精明，眼光很準確，會慎選朋友來交往，樣樣精打細算，會仔細琢磨一番，受到挫折機會當然也少，配偶很孝順也很會做人，因爲懂得應對進退的道理，能迎合父母的歡心，自己也受到父母的稱讚。

八、姓名僅僅多一劃，討厭迷變萬人迷

A.

	1		
	5 〉	6	土天格
水 9	12 〉	17	金人格
外格	8 〉	20	水地格
	25	土	總格

A格局爲天格生人格、人格生地格，爲人處事小心翼翼，深怕得罪長輩或上司，不太能做出任何重大的決策，缺乏果斷的氣魄，有責任感肯付出，但卻不夠大方喜歡計較，付出會要求回報，常惹得另一半的不滿，受到配偶經常埋怨，只能從事內勤工作。

B.

	1		
	5 〉	6	土天格
水 10	12 〉	17	金人格
外格	9 〉	21	水地格
	26	土	總格

B格局則是天格生人格、人格剋地格，本身從小到大，小聰明多鬼點子精，做事情

有衝勁，敢主動表現自己，因此能贏得父母的歡心，對於另一半可充分掌握，且另一半會幫助自己的事業，本身有企圖心事業會越做越大，運勢呈現大起大落，具有業務方面的長才，不甘埋沒在內部瑣碎工作裡，會找機會突破現狀。

九、人地格筆劃雖同，天外總格見不同

有些姓名格局裡，人格和地格筆劃都一樣，個性卻是南轅北轍，主要原因是天格、外格、總格都不一樣。

A.

	1		
	5〉	6	土天格
土 6	6〉	11	木人格
外格	5〉	11	木地格
	16	土	總格

B.

	1		
	6〉	7	金天格
金 7	5〉	11	木人格
外格	6〉	11	木地格
	17	金	總格

A格局為人格剋天格、人格剋外格、人格剋總格，天生貴人運特別好，走到哪裡都

有人會幫助，因此做任何事都有好機緣，配合自身擁有小聰明，所以做任何事都如魚得水，不過因爲遇到失敗挫折少，容易產生自負驕傲的想法，做事較圓融不太按照規矩。

B格局則完全相反，人格、地格被天格、外格所剋，對事有細心有規劃，信心滿滿，認爲自己會成功，但卻常半路殺出程咬金，以致半途而廢，抗壓性較缺乏，做事有板有眼，會認眞去執行，不願做表面功夫，巴結或阿諛他人，是個好幕僚，卻不是獨當一面的執行者。

十、只是外總格不同，個性已是大不同

A.

	1		
	7〉	8	金天格
金 7	8〉	15	土人格
外格	6〉	14	火地格
		21	木　總格

B.

	1		
	7〉	8	金天格
土 6	8〉	15	土人格
外格	5〉	13	火地格
		20	水　總格

上述兩個實例，都只是天格屬金、人格屬土、地格屬火，只是外格、總格不同。

A格局爲人格生天格、人格生外格、地格生人格、總格剋人格、地格剋外格，本身受到父母長輩寵愛，且對他的一舉一動十分放心，會交代他許多事情，他也願意扛起責任，總以爲能處理好任何事情，其實能力雖然不錯，表面上也是風風光光，但實際上卻是挫折連連，幸虧另一半還算願意支持。

B格局則是地格生人格、人格剋總格、地格生外格，此人必爲好好先生，任何事情都會答應去幫忙完成，但往往會超出自己的能力所能負擔之外，相當好請託，會靠自己的努力向上，不做表面功夫，不太能跟人交際應酬，朋友的助力會變少，使成功的勝算少一半，相對的挫折也少了一半。

十一、中間名字差一劃，顚倒人地外總格

A.

	1		
	19〉20	水天格	
土 15	12〉31	木人格	
外格	14〉26	土地格	
	45	土	總格

雖然名字第一個字就差一劃，但人格、地格、外格、總格的關係就當然顚倒。

A格局爲天格生人格、人格剋地格、人格剋外格，人格剋總格，父母長輩會特別照顧他，受到無微不至的保護，從小就被溺愛，要什麼有什麼，容易養成嬌蠻的性格，腦筋聰明鬼靈精一個，會有許多創新的想法，配偶會聽話，且會懂得察言觀色，不會做出讓自己不高興的事。

B.

	1		
	19〉20	水天格	
土 15	11〉30	水人格	
外格	14〉25	土地格	
	44	火	總格

B格局則是地格剋人格、外格剋人格、人格剋總格，生來就不討父母歡心，連自己也感到很鬱卒，長期生活下來，個性完全表現出不開朗，朋友影響力大，朋友說什麼就

跟著做什麼，容易被朋友牽著走，因此誤入歧途機會大，配偶很有權威，連父母長上都愁悵，父母和配偶甚至會聯成同一陣線來制衡他，溝通上受到很大的壓制。

十二、只求音同字不同，不知學問大不同

有人取名或改名不想念的音差太多，而讓朋友叫不慣，所以會用諧音字。

A.

		1		
	王	5〉	6	土天格
火 13	玉	5〉	10	水人格
外格	惠	12〉	17	金地格
		31	木	總格

B.

		1		
	王	5〉	6	土天格
火 13	育	10〉	15	木人格
外格	惠	12〉	22	木地格
		27	金	總格

A格局爲天格剋人格、地格生人格、人格剋外格、人格生總格，本身較具獨立性，不喜歡依賴他人，有自己主觀的看法，別人的意見不太聽進去，因而較不受別人的影響，

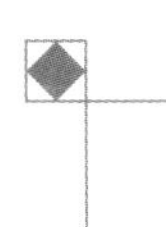

感情方面有主見，愛自己決定與選擇對象，且受另一半影響。

B格局則依賴性很重，沒有自己主觀的意見，易受他人的看法影響，別人的話雖然很在乎，但往往下不了決定，個性上優柔寡斷，往往見一個愛一個，感情生活易受父母長輩影響，呈現兩難的狀態，配偶的想法具有決定性的影響。

十三、同筆劃則看天運，不同年次命不同

姓名筆劃完全相同的人，運勢個性一不一樣？答案是看年次而決定。

A.

	1		
	11〉	12	木天格
土 15	10〉	21	木人格
外格	14〉	24	火地格
	35	土	總格

B.

	1		
	11〉	12	木天格
土 15	10〉	21	木人格
外格	14〉	24	火地格
	35	土	總格

天運屬水的人，需要人家去迎合自己的意見，個性剛強不喜歡被掌控，主觀不容許改變，但下半身容易動刀，健康問題較爲嚴重，從小到大腸胃就不好，13歲以後病痛連連，大病小病不斷，不是便秘就是拉肚子，女性尤爲明顯。

天運屬金的人，作風行事不急躁，一步一步保守小心，個性精明且內斂，異性緣其實不錯，但不太敢表現出來，對異性呵護有加，感情世界實則非常封閉。

十四、光看總格是不夠，天地人外各有格

A.

	1		
	11〉	12	木天格
土 15	10〉	21	木人格
外格	14〉	24	火地格
	35	土	總格

B.

	1		
	11〉	12	木天格
木 11	14〉	25	土人格
外格	10〉	24	火地格
	35	土	總格

A格局爲人格生天格、人格生地格、人格剋外格，喜歡對長上孝順付出，成家後會照顧配偶，不過配偶卻會感到厭煩，本身做事有板有眼，不太投機取巧，樂於犧牲奉獻，不計較是否有所回報，可惜心直口快，講話不經過修飾，常常隨意脫口而出，傷到他人而不知，實屬犯無心之過。

B格局爲天格剋人格、外格剋人格、地格生人格，從小被管教得嚴，爲一個乖乖聽話的人，個性獨立自主，對人有警戒心，不過卻容易被朋友拖累，身邊小人多，事業與人際方面不順，常惹是非或不必要的麻煩。

十五、求生避剋求好名，常使事實與願違

很多人取名，怕剋不怕生，實際案例顯示我生、生我太多並不見得好，是舉以下兩個個案爲例：

A.

	1		
	16〉	17	金天格
金 8	9〉	25	土人格
外格	7〉	16	土地格
	32	木	總格

B.

	1		
	16〉	17	金天格
土 15	2〉	18	金人格
外格	14〉	16	土地格
	32	木	總格

A格局爲人格生天格、人格生地格、人格生外格，我生爲洩爲付出，但是這種付出通常無法有回報，一輩子都在爲人付出，自己眞正有困難時，又低不下頭來，羞於求人，是由於自尊心強的關係，個人眼界太高，不過卻往往忽略實際情況，自己有點小聰明，但不善於投資理財，花錢如流水般不太能儲蓄。

B格局爲地格生人格、天格生人格、外格生人格，都是被生爲關照，以傳統姓名學角度來看是尊貴無比，因爲受到衆人的關懷，但在比較姓名學角度，此情形是被包，生我爲父母，人人都必須要聽從我的意思，生我太多容易膽量變大，對任何事情較不在乎，但爲人較能察言觀色，待人接物都尙稱圓融，較懂得溝通技巧。

柒

陳老師更名實例

一、同是媳婦，為何婆婆的態度不同？

婚前，曉文最嚮往的是早上提著菜籃上市場，時間一到就煮飯，沒事就逗逗小孩的純家庭主婦生活，而婚後，曉文最期待的卻是當個職業婦女。

在大都市成長的曉文，有著娃娃臉般的外表，任何人見了她，很難不被她那爽朗的笑聲和水汪汪的大眼睛吸引，而在眾多追求者中，曉文偏偏選擇了婚後必須和家人同住的吳全弘，令大家跌破眼鏡。

吳全弘是家中的長子，從小就住在透天厝裡，和父母的感情非常好，婚後也不打算搬出家中，因此，全弘的結婚對象一定是個可以接受和公婆同住的女孩子，加上他是長子，長媳又得負擔更重的責任，光這兩點，就令曾經跟吳全弘交往過的女孩子，都只願意跟他談戀愛，不願意和他走入禮堂。

當吳全弘碰到一心一意想要當個家庭主婦的曉文時，簡直如獲至寶，不到幾個月就得到曉文的允諾，交往一年就結婚了。

懷著興奮與期待的心情進入吳全弘家中，曉文才發現，長媳並不是那麼好當的。早上六點，曉文得起床做早餐，十一點不到，又要準備午餐，傍晚四點半就得開始張羅晚餐，以餵飽兩老、全弘、全弘的弟弟吳尚吉和弟媳靜芬的胃，扣掉這些時間，曉文還要打掃、做家事。不管曉文多麼努力，她的婆婆總是嫌她做得不好，打掃得不夠乾淨，甚至怪曉文不懂風水，擅自將家中的擺飾重新定位，日子一久，當曉文看到丈夫、尚吉和靜芬一同出門上班的情形時，心中竟興起了當職業婦女的念頭。

念頭既出，曉文在晚餐時也將這個想法告訴大家，不料公婆同聲反對，理由是想抱孫子，而尚吉和靜芬也以一副孝順的口吻說：「大嫂如果也去上班，誰來照顧爸媽？」令曉文無法釋懷的是，他的丈夫全弘，竟然沒有爲她說一句話，讓曉文覺得自己打了一場早就註定要輸的孤軍戰。

曾經，曉文傻傻的以爲生了小孩，就能到外面工作了，沒想到醫院檢查的結果，自己竟然是不孕症，這個打擊幾乎讓曉文崩潰，公婆得知她不能生育的消息，在有意無意間對曉文更是冷言冷語……

看著昔日同窗好友一個個打扮光鮮，在職場上奮鬥，而自己儼然已是黃臉婆一個，曉文不禁怨天尤人。到底有誰能爲她解決困難？

當好友告訴曉文，不妨請教對姓名學有研究的陳老師時，曉文立刻撥了電話預約時間，把自己的不滿一股腦兒的說給陳老師聽。她說，在她嫁到吳家時，尚吉已經先娶妻了，而公婆對弟媳靜芬非常好，也不要求靜芬打掃、做事，得知曉文不能生育之後，公婆更是把注意力全都放在弟媳身上，對弟媳好得沒話說，什麼都依她，就怕她不高興，令曉文不禁要問，同樣是媳婦，爲什麼公婆對她和靜芬的態度那麼不同？

相信已婚的女性讀者們看了曉文的故事，難免會心有戚戚焉，雖然現代的婆媳問題不如早期那麼嚴重，但是時代新女性和上一代仍然會有所謂的代溝，使得媳婦們不懂「自己明明很孝順了，爲什麼婆婆仍然看我不順眼？」這其中，先生的名字佔了很大的因素！

陳老師分析

從哥哥吳全弘的名字中可看出，他的天格8劃、屬金，人格13劃、屬火，地格11劃、屬木，外格6劃、屬土，總格18劃、屬金，爲地格生人格、人格剋天格、天格剋地格、人格生外格、地格剋外格、總格剋地格、外格生總格、天格生總格、人格剋總格、地格剋外格之格局。

吳全弘的格局是一個本身孝順父母，但不擅表達自己意見的人，一旦他表達意見，將會以比較衝的方式説出來，使得父母覺得他不夠孝順，令吳全弘簡直是有口難言，也是吳全弘吃虧的地方。

雖然平常悶不吭聲，吳全弘其實是一個非常講義氣的人，只要朋友一開口，他就會爲人家兩肋插刀，在所不惜，這樣的情操在現代現實社會固然值得讚揚，但也表示吳全弘不懂得深思熟慮方而行的道理，造成易漏財的現象。

從曉文的名字看來，她是一位非常能幹的女性，不僅會料理家務，若外出工作，也是上司的左右手，照理説是一個非常好的媳婦，卻因爲吳全弘是個不懂得表示意見的男人，使兩老以爲全弘的所作所爲均受老婆影響，對曉文的要求也就更多，看她更不順眼。

其實，曉文是一個善解人意的女孩，她知道全弘對父母好，因此也不願和公婆辯解，然而憨直、不會討好長上的全弘只要一衝動起來，就會讓父母誤會曉文，以爲全弘的不聽話是曉文在背後煽動，而曉文又因爲尊敬長輩，即使被誤會也不會直接表達，造成緊張的婆媳關係。

再來看弟弟吳尚吉，天格8劃、屬金，人格15劃、屬土，地格14劃、屬火，外格7劃、屬金，總格21劃、屬木，爲地格生人格，人格生天格，人格生外格，地格剋外格，外格剋總格，總格生地格，總格剋人格，地格剋天格，天格生外格，天格剋總格之格局。

和吳全弘比較起來，吳尚吉就靈活多了，從小什麼事都懂得看人臉色講話，嘴巴甜，懂得適當表達，會討好長上，是父母的開心果，而父母也因爲疼愛吳尚吉，對他的老婆靜芬也就愛烏及屋。

從吳尚吉的格局上看來，他的缺點是會省小錢花大錢，若沒有一個懂得理財的妻子，積蓄無法存得久。在交友方面，尚吉和哥哥一樣重朋友，然而他並不懂得選擇朋友，並且易一意孤行，要小心一時的決定所造成的錯誤。

這些缺點，對於吳家長輩來說，是不易察覺的，再加上吳尚吉懂得適時發表意見，他的太太靜芬也跟著他說話，久而久之，長輩對靜芬的意見聽得進去，看她也很順眼，對她當然特別好。

經過陳老師分析後，曉文終於瞭解自己為什麼無法得到公婆歡心，她並向陳老師請教一個偏名給老公全弘，希望在不久的將來能藉著新名字的靈動力改變目前的局勢。

二、男女有緣來相會，婚姻全由姓名配

自從大學畢業後，謝瑩翠已經參加過無數次的婚禮，每當她看到新人們喜孜孜的互訴情衷時，總會想起自己那段戀情，他是她的初戀，幽默活潑開朗又聰明，對女孩也極爲體貼，和他在一起四年，他已經成爲她生活唯一的重心，沒想到，這段濃情蜜意居然隨著他一次國外旅行而變質，他愛上了同團的女生，變心的速度快到讓瑩翠驚懼不已，她不敢確信，四年的愛情竟然比不過幾天的旅行，自此，瑩翠把男人視爲敵人，將自己的心封閉，時而消瘦、時而發胖，親朋好友們看了心疼，卻又無可奈何。

時光飛逝，連瑩翠最好的閨中密友也結婚了，看著好友的臉上洋溢著幸福的表情，她的心中突然覺得酸酸的，是吃醋吧，！她想。

酒席結束，瑩翠正思索著坐公車或計程車時，一個陌生的聲音從背後傳來，她回頭一看，這個人似乎有點面熟。

原來，這位名叫陳雲得的男生是瑩翠的小學同學，正巧是新郎的朋友，而瑩翠跟小學比起來，並沒有改變多少，一陣寒暄後，雲得也挺有紳士風度的送她回家。

從這天起，命運的紅線就糾纏著瑩翠，她發現和陳雲得通電話是一件令人快樂的事，過去那種「恐男症」隨著陳雲得的開朗和幽默都一消而散，沒多久，瑩翠就發現自己喜歡上他了。

在一次看完舞台劇後，陳雲得在車上吻了她，瑩翠也告訴雲得她的心情，沒想到，雲得竟然很明白的表示他已經有相戀八年的女友，雖然他對她已沒有愛情，但又沒辦法離開她，因爲她曾經爲他墮過胎。

當天回到家，瑩翠怎麼也睡不著，腦中浮現的盡是四年前男友移情別戀的情景，她知道自己已經成爲雲得感情中的第三者，但是當年的痛苦猶存，自己當眞還要去傷害另一個女人嗎？

好幾次，瑩翠決心慧劍斬情絲，但是又無法不想陳雲得，只要他一通電話，瑩翠的感情堤防就決堤了。

眼看著自己也老大不小，雲得仍然無法在她和另一人中做出選擇，雖然，雲得總是要她給他一點時間，然而半年已過，他還是沒有辦法拒絕另一個女人，而瑩翠就在這番感情的折磨下，來到陳老師的工作室，老天爲什麼要這樣安排，安排受到第三者的苦，又使她成爲別人的第三者？

她更想知道雲得到底會選擇誰？她離得開他嗎？離開他後，又能找到更好的對象嗎？

陳老師分析

謝瑩翠，天格18劃、屬金，人格32劃、屬木，地格29劃、屬水，外格15劃、屬土，總格46劃、屬土，爲天格剋人格，地格生人格，人格剋外格，天格生地格，外格生天格，外格剋地格，人格剋總格，總格生天格，總格剋地格，外格生總格之格局。

瑩翠長得可愛、大方，異性緣雖佳，卻不容易墜入愛河，原因在於她對於自己的自信非常高，相對的要求另一半的條件必須高出她，因此，能夠成爲瑩翠身旁的男伴，不但要一表人才，肚內有墨水、腦中無草包，更要會說出一番有作爲的話，至於油腔滑調的男人，只會被她嘲笑罷了。

瑩翠出生於一個家教良好的家庭，受父母影響，在大學之前不曾交過男友，對於她的初戀對象也抱著結婚的打算，難免管得太多，致使男友在四天之內變心。

男友的情變，無疑對自信十足的瑩翠打了的一記狠棒，事業心強的她，在「一朝被蛇咬，十年怕井繩」的心態下，乾脆封閉自己的心，將感情的挫折轉而發憤於事業上。

陳雲得，天格17劃、屬金，人格28劃、屬金，地格23劃、屬火，外格12劃、屬木，總格39劃、屬水，爲天格生人格，地格剋人格，人格剋外格，地格剋天格，天格剋外格，外格生地格，天格生總格，人格生總格，總格剋地格，總格生外格之格局。

從小受到長輩寵愛的陳雲得，是一個任勞任怨的男孩子，正因爲他總是善良、關心他人且默默的做事，和時下愛炫耀自己、油頭粉面的男孩大爲不同，往往容易受到女性青睞，其中又以年紀比他大一些的女性居多。

由於雲得助人爲樂的個性使然，當他在結婚喜宴上看到小學同學瑩翠時，自然興起護花使者之心，主動送瑩翠回家，偏偏瑩翠對事業的專注讓雲得傾心，瑩翠對愛情的失意讓雲得激起同情心，而瑩翠也鍾情於雲得的腳踏實地，兩人會擦出愛的火花不難理解。

然而，情人眼中是容不下一粒砂的，當瑩翠發現雲得早有女友時，而她自己竟然是第三者，心中交戰的痛苦絕不比當年男友狠心離去來得小，道德心強烈的她當然想過離開雲得，然而兩人的緣分未了，而人格剋外格的雲得一方面不願意瑩翠傷心，表示願意和女友一刀兩斷，一方面又不忍心讓女友傷心，而遲遲未能給瑩翠一個答案，優柔寡斷的結果造成三敗俱傷。

面對無法抉擇要留還是走的瑩翠，陳老師首先希望她不要喪失自信心，並且建議她另取名字，以便她能夠快速做決定，並且在愛情的路上更順利，不要再受到情愛之苦。

三、親子問題誰的錯，姓名為你解疑思

晚間八點，餐桌上的菜已經變涼了，田太太卻仍然不死心的等著兒子甫碩回家吃晚飯，一旁見狀的田先生看到了，不禁搖搖頭，拍了拍太太的肩膀，要她先吃，不必再等了。

田太太是一個爲家庭犧牲夢想的偉大女性，打從懷了甫碩後，田太太就爲事業跟家庭無法兩全而難以抉擇，最後在看了許多雙薪家庭因爲疏於照顧小孩，使得孩子變壞的故事後，決定放棄她最愛的廣告經理一職，專心在家帶小孩。

甫碩是一個身體健康、體力充沛的孩子，在家裏跳上跳下，彈簧床都快被他跳壞了，他的活動力很強，帶他出去散步，需要特別留心，否則一溜煙甫碩就跑到遠遠的地方，但是，他也有孝順的一面，從小看到媽媽不舒服時，就會自己拿起掃把或抹布學大人打掃，他也非常黏媽媽，跟著媽媽出去買菜，看著五歲的甫碩又懂事又可愛，田太太深深感到自己當初的選擇是對的。

春去秋來，甫碩一年年的長大了，他變得比較有主見，不但不黏著媽媽，也開始有自己的想法。在甫碩念小學三年級時，田太太赫然發現他的抽屜中藏著色情漫畫，爲了不讓孩子繼續沉迷下去，田太太當場揭穿，罵了甫碩一頓，經過這一次的事件後，田太太覺得孩子突然和她產生了一段距離，使得田太太常常懷疑自己是不是做錯了？

好不容易看著甫碩上國中，田太太心中也鬆了一口氣，她想盡辦法讓兒子進入前段班中的最好班，爲的就是讓他用功念書，和班上的乖乖牌成爲好朋友，誰知道，自從甫碩上了國中，就沉迷於電動玩具和武俠小說，說是到同學家念書，其實是看黃色錄影帶，並且還嘗試吸菸，而甫碩向母親要的零用錢，也一天比一天多，從幾百塊到上千元，卻又支吾其詞說不出錢用到哪裏去了，當田太太不給錢時，甫碩就偷打開她的皮包，或是和她大吵一架、頂嘴，功課也一落千丈，從前段班被送到中段班。

爲了讓孩子變好，田太太到書店買了許多心理書籍、青少年成長書籍閱讀，想瞭解孩子的心，可是，不管她如何按照書上寫的方式和甫碩溝通，總是以吵架結束。自從到中段班上課後，甫碩更變本加厲，從下課後沒有按時回家，到不回家吃晚餐，電話也沒有一通，連田太太都不知道兒子今晚在哪裏？

傷心的田太太想起昔日又可愛又懂事的甫碩，不禁又擔心、又傷心，她怕甫碩被人帶壞，也怕他會加入幫派，更怕有一天，甫碩會犯下大錯。就在田太太不知所措時，鄰居告訴她，甫碩經常載著一個女孩子上下學，這個消息更令田太太震驚，她不知道甫碩從哪裏來的車？也不知道未成年的他如何瞞住老師騎車？更不知道那個女孩子是誰？

趁著甫碩洗澡時，田太太翻開他的書包，找到一張照片，照片上的女孩留著長髮，與甫碩親密的靠在一起，照片後則有甫碩和女孩子劉云側的簽名。

帶著一顆求助的心，田太太來到了陳老師的工作室，她想知道甫碩爲什麼會變成這樣？而劉云側是一個壞女孩嗎？她會不會影響甫碩？

陳老師分析

最近幾個月，青少年犯罪事情頻傳，前來請教陳老師的父母也愈來愈多，大家都擔心自己的孩子會走上不歸路，從田太太的例子中，陳老師分析田甫碩的姓名，他的天格六劃、屬土，人格12劃、屬木，地格21劃、屬木，外格15劃、屬土，總格26劃、屬土。爲地格生人格，人格剋天格，人格剋外格，地格剋天格，外格生天格，天格生總格，人格剋總格，地格剋總格，外格生總格，地格剋外格之格局。

從田甫碩的格局中可得知，他是一個從小調皮搗蛋、活潑的孩子，滿腦子的鬼點子，使得甫碩有千萬個理由說服母親支持他，可惜的是，甫碩雖然聰明但不專心，心定不下來，愛捉弄別人，又好辯，參加辯論比賽不輸人，同學、老師和長輩都拿他沒輒，由於他懂得跟父母撒嬌，做了錯事總有理由搪塞、耍皮條，讓人既愛他又爲他擔心。

在交友方面，田甫碩易吸引文靜的女生，至於活潑的女孩子則把他當哥兒們看待，不會和他發生情感。在田甫碩的格局中，還有一個特點，即從小跌撞多，稍不注意就會受小傷，而好大喜功、自我爲主的個性也使他成爲同學打小報告的對象，由於他有許多小聰明，又喜歡冒險，長大後易遊走法律邊緣，父母不得不注意，不過，若是好好教導，讓他把聰明用於正途，就能成就一番大事業。

劉云僩，天格16劃、屬土，人格19劃、屬水，地格18劃、屬金，外格15劃、屬土，總格33劃、屬火，為地格生人格，天格剋人格，外格剋人格，天格生地格，外格生天格，總格生天格，人格剋總格，總格剋地格，總格生外格，外格生地格之格局。

由於地格生人格，外格剋人格之故，云僩較易受外界影響，因此，她在家中是一個聽父母親的話的孩子，但到了外面認識甫碩之後，就受到甫碩影響，跟著甫碩跑，又由於云僩的不擅表達自己的意見，說話直，人際關係不好，易得罪人，知心好友並不多，當她跟活潑的甫碩認識後，很快的被甫碩的個性所吸引而墜入愛河，事實上，她並不能影響甫碩，若是兩人結婚，容易胡思亂想，鑽牛角尖的云僩恐怕會不能適應好動、愛往外跑的甫碩。

聽了陳老師的分析後，田太太既擔心又放心，放心的是云僩並不是個壞女孩，擔心的是甫碩的自我和小聰明會害了他一生。

在陳老師的建議下，田太太認為從兒子的名字改變是最好的方法，她希望能請陳老師幫甫碩取一個新名字，使兒子聽得進父母說的話，如此一來，兒子的作為和感情方面也會更成熟。

四、小孩子不聽管教，惹得父母淚漣漣？

小時候的白朝重是一位活潑又善解人意的孩子，不會纏著父母買玩具，也不會像同年齡的孩子以哭鬧來達成目的，在幼稚園時即深得老師的疼愛。

小學的生活原本應該是快樂、無升學壓力的，白母和白父也不要求朝重的功課，反而是朝重對自己的要求極高，只要成績不慎跌落到第二名，他就會自責而躲在棉被中偷偷哭泣，因此小學六年來，朝重一直是同學的榜樣，用「品學兼優」四字來形容再恰當也不過，市長獎也非他莫屬，在畢業典禮上，白父、白母看著代表畢業同學致辭的朝重，心中也感到無比的光榮。

任誰也想不到，朝重的國中生涯對白家而言，卻是一場噩夢的開始。

起先，朝重只是對新潮刺激的事物感到好奇，學抽菸、看成人漫畫、打電動玩具，有一天放學後，朝重在公園裏看到兩群小太保打架，贏的那一方霸氣十足，威風得不得了，朝重才發現這群無所事事、抽菸飆車的國中小太保以公園爲地盤，每天都過著嘻笑怒罵、打屁的生活，漸漸地，小太保們離經背道的行徑竟然對朝重造成致命的吸引力，他嘗試著用聽來的道上話語和太保們交談，太保們也樂於多一個小兄弟，不久，朝重背著父母出入撞球間、到PUB喝酒，他開始成爲訓導處和輔導室的常客，家人對此大傷腦筋，面對家長的責難，他總以「只要我喜歡，有什麼不可以」自我解嘲，在短短一、兩年間，白朝重就像變了一個人似的，再也沒有國小時的鬥志與責任感。

國中畢業後，朝重當然沒有考上理想的高中，只好進入重考班補習一年，聰明的他於次年如願考上公立高中，白家長輩原本以爲這所地處郊區、學風不錯的高中將是朝重的人生轉捩點，殊料這只不過是悲劇的開始。

上了高中不久後，白朝重又認識了郊區附近的地盤流氓，才高一就因爲抽菸、打架滋事被記了兩支大過，學期末還因爲成績不理想補考兩次，高二終於因爲操行不及格被勒令退學，轉到汐止一所私立高中，往後的一年，一天比一天墮落，還因爲喝酒滋事被扭送警局，不但荒廢學業，連唯一的好朋友也因爲勸不動他而離去，在重考大學落榜後，白朝重接到國家徵召，入伍服役，退伍後的朝重雖然有心想念書，卻因爲過去三年疏於功課而無法專心，變得自暴自棄。

朝重的父母本身就是教師，父親還是某個學校的教務主任，其他四個女兒都聰慧乖巧，在國外留學，念一流的學府，唯有朝重這個孩子令他們百般操心。打罵、勸戒、鼓勵、威脅、利誘，種種能試的方法都試過了，經過六、七年的煎熬，身心早已不堪負荷。正當他們內心充滿無力感時，經由友人的介紹，他們認識了陳老師，在老師的熱心幫忙下，終於又燃起了他們對孩子的信心。

陳老師分析

白朝重，天格6劃、屬土，人格17劃、屬金，地格21劃、屬木，外格10劃、屬水，總格26劃、屬土，爲天格生人格，人格剋地格，人格生外格，地格剋天格，天格剋外格，外格生地格之格局。

其實，朝重是一個會反省自我的人，但由於太注重朋友的個性使然，即使朝重自覺功課退步、品行變壞，仍然無法跳出太保圈而繼續執迷下去，家中若是有類似白朝重這一型的孩子，家長們需特別注重孩子的交友情形，以免孩子交上壞朋友而成為迷途羔羊。

由於人格剋地格、地格剋天格，白朝重生來就是聰明的小孩，嘴巴也甜，深受師長和同學喜愛，遇到和母親意見相反時，他總有辦法說服母親；由於人格生外格、人格剋地格，白朝重對朋友的重視不在話下，甚至因為太注重朋友而讓父母頭痛，幸好朝重的腦筋好、有小聰明，才得以在高中重考時考上公立學校，這等成績使得朝重以為考大學時也能如法炮製，殊料高中底子沒打好，大學依然落榜，這種「對於自己太過自信」的情形，不但會反應在學業上，將來也會使得朝重的人生旅途有些辛苦。

擁有小聰明的朝重在校時即遊走校規邊緣無心念書，而現在即使想讀，也因為底子沒打好而讀不起來，書沒念好，壞朋友卻交了一大堆，難保以後不遊走法律邊緣，難怪白父、白母會傷心失望，而陳老師認為「人性本善」，朝重只是一時迷失方向，只要他能夠離開壞朋友，專心念書，未來仍然一片光明，因此，陳老師幫朝重取了一個較不容易受朋友蠱惑的名字，希望他能夠重拾國小雄風，做個不再令父母傷心的兒子。

五、孩子是否同性戀，可由姓名見眞章

沈燕軒，女，十九歲，今年剛考上T大的女學生，是一名長得清秀可愛，時而溫柔撒嬌、時而帶點冷漠的女生，也是同學眼中的白雪公主。

賴琳玉，女，二十歲，是大沈燕軒兩屆的學姊，爲人直爽，好打抱不平，平常總是一件T恤、一條牛仔褲，加上酷死人的表情，是T大女生們心目中的『英雄』。

身爲話劇社社長，只要碰到校內公演，話劇社裏掌聲最多、花收最多的一定是女扮男裝，飾演男主角的賴琳玉，在仰慕她的人當中，也不乏有男性追求者，可是，自從賴琳玉在大一時親眼目睹青梅竹馬的男友和鄰居暗暗傳情後，再也不願意和男性談感情，即使她的異性緣不錯，賴琳玉對前來示好的男性一概拒絕，若說有男性朋友，大概也和她是哥兒們，漸漸地，『賴琳玉是同性戀』的猜測，就在T大傳了開來。

新生入學後，學校免不了興起一陣社團熱潮，每個社團都想盡辦法，希望多吸收一些新成員，一向對話劇充滿好奇的沈燕軒，就是在這種情形下加入話劇社。

沈燕軒的家教甚嚴，父母一同經營一家中小企業，她是父母的掌上明珠，只要有男生寫信給她，或打電話到她家，一律被沈父罵得狗血淋頭，再加上女孩子多半嫉妒她的美，不願意跟她交朋友，沈燕軒的知心好友可說沒有，在考上大學之前，父親深怕沈燕軒變壞，連補習班也不讓她去，而是請了家教陪讀，至於校內社團，沈父也只允許燕軒參加靜態的詩歌朗誦、畫畫、作文，上了大學後，沈燕軒首次掙脫家人的管教，選了令她好奇的話劇社，而一向酷斃了的賴琳玉，本著照顧新社員的名義，對燕軒極為關心，沈燕軒也把賴琳玉當成無話不說的朋友，漸漸地，賴琳玉發現自己對毫無心機的燕軒不再是姊姊對妹妹的照顧，而是想把燕軒佔爲己有，至於燕軒，也感覺到琳玉的變化，她不但沒有逃開琳玉，反而不顧同學們異樣的眼光，跟琳玉一同出入，並常常把琳玉帶回家。

沈燕軒的父母原本有意在沈燕軒畢業後爲她挑一個門當戶對的丈夫，見沈燕軒在校沒有交男友，而是跟女生比較好，心中反而高興不已，一點都不擔心沈燕軒是否跟賴琳玉走得太近了！

一天下午，沈燕軒的母親回家拿重要文件，發現沈燕軒提早回家，家門口多了一雙鞋，是常常來家中的賴琳玉，沈燕軒的母親決定在回公司前切一盤水果讓她們倆消消暑，沒想到，當她打開沈燕軒的房門時，看到的竟是兩人同床共枕的情景，而且狀甚親密……

沈燕軒的母親受不了這種打擊，又不敢告訴沈父，遂前來請教陳老師該如何是好？

陳老師分析

沈燕軒，天格9劃、屬水，人格24劃、屬火，地格26劃、屬土，外格11劃、屬木，總格34劃、屬火，爲天格剋人格、人格生地格、外格生人格、地格剋天格、天格生外格、外格剋地格之格局。

從沈燕軒的格局看來，她本身是位保守的女孩，由於人格爲火、人格生地格，使得燕軒對於外表的打扮頗注重，有一句話說『天下只有懶女，沒有醜女』，即使燕軒被父母管教甚嚴，依然懂得如何秀出自己最美的一面，再加上她長得不錯，自然有衆多男性追求，難免遭女孩子嫉妒。

表面上，燕軒是一位溫柔、女性化的文靜女孩，其實，從她的姓名中地格剋天格來看，她是一位外柔內剛、主見強、倔強的女孩，看似聽父母的話，卻也不見得會實際去執行，遇到不如意的事，不會馬上爆發，而是積壓在心頭，一次發洩，屬於一發不可收拾型。

賴琳玉，天格17劃、屬金，人格29劃、屬水，地格18劃、屬金，外格6劃、屬土，總格34劃、屬火，爲天格生人格、地格生人格、外格剋人格、天格生地格、外格生天格、外格生地格之格局。

這類格局的人對家非常有責任感，中性化的賴琳玉對同性、異性均不造成威脅，因此，琳玉的同性緣好，異性緣也不錯。從琳玉的外表看來，她是位說話直接，不拖泥帶水的人，事實上，她比同年齡的女孩們更重情感，不但對感情執著又鑽牛角尖，遇到她喜歡的人，就會對對方好得不得了，拚命想網住一段情，但因爲外格剋人格的關係，琳玉的感情世界比別人脆弱、易遭到挫折，並難以修復，使得她在失戀後不敢與異性談感情。在遇到清純、可愛的燕軒後，自然而然的把對待異性的感情轉到燕軒身上，沒想到燕軒也接受她的關心照顧，難怪燕軒的母親要擔心不已了！

聽完陳老師對琳玉和燕軒兩人的分析，沈母仍然不知如何是好，遂請陳老師幫燕軒改名，陳老師則認為，燕軒內在的自我強烈，一時要她離開對感情毫無安全感的琳玉並不可能，倒不如讓燕軒聽得進父母的話，日子一久自然就能釐清自己的感情世界了。

六、乖乖女性格大轉變，令人匪夷所思

從小，人人看到關莉倫，都說她是一個好命的女孩子。可不是嗎？生長於富裕之家，父親又是在企業界頗有名氣的商人，在關母生下三個男孩子後，全家最盼望的就是女兒的出現，當關母盼了許多年才懷第四胎時，大家莫不關心注意，希望這一胎是個女兒，因此，關莉倫就像銜著金湯匙出生一樣，一呱呱落地，就受到全家大小的疼愛。

從童年到學生時期，關莉倫沒有受到一丁點的委屈，就算是她做錯了，父母也不忍責備，哥哥們更是對她好得不得了，關莉倫就像是被養在溫室裏的花朵一樣，既嬌又柔，加上她的皮膚白嫩，五官分明，尤其那一雙眼睛更是水芙蓉模樣的動人，當關莉倫十八歲生日時，關父在五星級飯店爲她舉辦了一個盛大的生日會，關父在商界的友人們見了關莉倫，都對她的溫柔有禮讚嘆不已，頻說以後要她當媳婦。

原本，關莉倫的父母打算在她唸完高中後就送她出國，那曉得這一場十八歲的慶祝宴，卻為關莉倫以後的日子埋下了有如不定時炸彈般的種子。

首先，關莉倫決意在國內考大學，家人以為她捨不得親朋好友，也不逼她到外國就學，當她上了大學之後，回家的時間也愈來愈晚，不是說有社團在忙，就是聲稱與同學一起K書，起初，父母扭不過她，只好答應，沒想到關莉倫卻變本加厲，好幾次都徹夜不歸，說是跟同學們夜遊，而關莉倫的父母為她在銀行存的百萬元，竟然在短短不到一年的時間銳減，令全家人擔心不已。

關莉倫的父母對於掌上明珠的轉變無法釋懷，遂多次與關莉倫的手帕交小晴聊天，希望從小晴的口中得知關莉倫心中的想法，起初，小晴並不願多說，後來看到關莉倫的父母為女兒如此心急，才告訴關莉倫的父母整個事情的經過。

原來，十八歲的那一場生日會上，關莉倫認識了在飯店打工的楊明偉，長得英俊挺拔的楊明偉出生於窮苦之家，由於父母離異，下有兩個妹妹需要撫養，楊明偉從高中時期就開始半工半讀的日子，高職畢業後無力升學，白天在快遞公司送貨，晚上又到飯店打工，而關莉倫對楊明偉原本只是同情，那曉得同情卻在時間的累積中快速轉化成愛情，爲了楊明偉，關莉倫就像變了一個人似的，還幫他照顧病中的母親，所以徹夜未歸。

小晴的一番話讓關父、關母驚愕不已，憑關家的背景、財力，及關莉倫的學歷，沒有一點是楊明偉比得上的，女兒怎麼會喜歡到一個這樣的男孩子？他們更擔心的是：萬一這個男孩子接近關莉倫是爲了騙她的錢，而不是眞心愛她，那麼該如何是好？

在求助無門的情況下，關父、關母經由任職於國中的老師介紹，來到陳老師的工作室，一方面想請教陳老師關莉倫爲何會有如此大的轉變，該如何來瞭解關莉倫的想法？一方面也想請陳老師分析楊明偉的個性和爲人，及關莉倫和楊明偉是否有分開的可能？

陳老師分析：

關莉倫，天格20劃、屬水，人格32劃、屬木，地格23劃、屬火，外格11劃、屬木，總格42劃、屬木，爲天格生人格，人格生地格，外格生人格，天格剋地格，天格生外格，外格生地格，天格生總格，人格生總格，外格生總格，總格生地格的格局。

聰明但任性的關莉倫，因天格生人格的關係，從小到大都有貴人在旁支持她，她的父母、兄長對她的保護最爲明顯，也讓她學會懂得看人臉色說好聽的話，平日不高興就耍耍小姐脾氣，令人羨慕的是，關莉倫不但出身好，又得長輩疼愛，她本身更是精明能幹，稱得上是天之驕子！

從關莉倫的格局中可以看出，她是一個先斬後奏的孩子，看起來父母可以影響她，其實不然，加上她瞭解父母的個性，有辦法來説服父母，也常使她顯現出我行我素的個性。

忽起忽落的脾氣、喜怒無常的態度與下決定時衝動的性格，將來關莉倫出社會工作後，會顯現出賣力但毅力不夠，凡事三分鐘熱度的現象，要發展久遠的事業比較困難，除事業之外，關莉倫的感情也不見得順利，因爲她個性外向，與異性容易接近，卻容易衝動而不夠理性，很快就會墜入情網，雖然她找的對象屬於有才華、聽她的話的男性，但是不見得交往得久，最怕的是關莉倫一時被愛沖昏頭，還沒對感情冷靜思考，就急著結婚！

楊明偉，天格14劃、屬火，人格21劃、屬木，地格19劃、屬水，外格12劃、屬木，總格32劃、屬木，爲地格生人格，人格生天格，天格生外格，地格剋天格，地格生外格，總格生天格，人格生總格，外格生總格，地格生總格，外格生天格的格局。

從楊明偉的格局可以看出，他是一位保守、顧家的青年，由於人格生天格，楊明偉對父母極爲孝順，個性隨和的他雖然肯做事，但腦筋動得不快，對賺錢的事不夠積極，要賺大錢比較難，不過，地格生人格的影響使得楊明偉頗能受長輩照顧，將來婚後，他的妻子也會對他照顧有加。人格生外格的楊明偉在交友上，需特別小心，免得因爲對朋友不懂拒絕，進而受朋友引誘。

對於關父關母而言，「門不當户不對的關係」是令他們著急的最大原因，天下父母心，關父關母對於女兒交往的對象，自當留意，姑且不論楊明偉的品行如何，最重要的是，讓關女可以受父母說服，而不是父母被女兒牽著走，因爲今天關莉倫交往的對象不讓父母喜歡，下次、下下次也是如此，「治標不如治本」——關父關母應該改變女兒的名字，讓女兒的個性有所修改，免得女兒愛得快，結婚離婚也快，身心受到傷害！

七、貧窮家庭生計難，孩子變壞更爲難

彭鼎章是一個老實聰明、沉默害羞的孩子，很能體諒父母在外工作的辛勞，從來不會以哭鬧哀求的方式來得到想要的東西，而且會主動幫忙做家事，是一個懂事有禮貌的小孩。

彭鼎章的家庭非常清寒，一年級時，父親因爲工作關係受傷，自此半身不遂，只能坐在輪椅上活動，在家裡接一些手工做做，所以母親便須終日在外奔波。因爲母親只有小學畢業，只能以勞力賺取金錢，白天在工廠當作業員，晚上則在麵店幫忙洗碗，但即使如此，彭鼎章父親的復健醫療費用以及一家五口的生活費，依然壓得母親喘不過氣來。

還好生爲老大的彭鼎章，最讓父母放心，總是一回家就自己把功課做好，之後便幫忙做家事，照顧弟妹，以及幫父親做家庭代工。彭鼎章總是勤快又沉默老實，是父母心中最最放心的孩子。

今年彭鼎章考上了不錯的公立高中。彭鼎章的父母親眞是又欣慰又歡喜。心想孩子終於大了。又考上了不錯的學校。畢業後就可以幫忙分擔家計，誰知道彭鼎章的高中生活對彭家而言，卻如同是一場噩夢。

起先彭鼎章只是對同學身上所穿著的名牌服飾感到羨慕，慢慢的，彭鼎章開始對自己的家庭背景感到羞恥，在朋友面前絕口不提自己家裡的情況，甚至於開始撒謊，欺騙同學自己的父親是大學教授，母親則是公司的高級主管；爲此，父母親和彭鼎章談論了好幾次，不但沒有改善情況，反而使得彭鼎章認爲父母不能了解他、體諒他，而對家裡的狀況開始感到厭惡與不耐煩。

彭鼎章開始交上壞朋友，虛榮心一天比一天嚴重，既然家裡的狀況不容許他擁有想要的東西，他開始打工賺錢；爲了替自己賺取名牌的衣物，彭鼎章卻荒廢了學業，不但成績一落千丈，每年都要補考，甚至於落到要退學的地步。

至此，彭鼎章更是變本加厲，不但不挽救學業，乾脆連學校都不去了；整天在外面鬼混，當然，交友就更是廣闊了，彭鼎章發現打工賺的錢開始不夠花用，總不能每次出去都讓朋友請客，於是彭鼎章同意朋友，也是他尊稱大哥的蔡竣寧的建議——開始偷東西，現在的彭鼎章是抽菸、喝酒、賭博、偷竊，樣樣都來，出入警察局的次數，也越來越多了。

彭鼎章的父母因本身教育程度就不高，深知其中之苦，為了彭鼎章的事擔心不已卻無計可施，眼看兒子一天一天墮落沉淪下去，每天跟蔡竣寧混在一起，卻只有窮擔心的份，老人家心中的憂慮，不是一般人能體會的。

這天晚上兩老一邊聽廣播節目，一邊做家庭代工，突然發現在電話 call in 中，有好多通都是關於孩子不學好的問題，而現場回答的陳老師，答案中肯又有見解，於是兩老決定前往陳老師的工作室，希望能夠幫助自己的孩子回到正途，如果可以的話，也希望陳老師一併分析蔡竣寧的為人，以及如何能讓彭鼎章離開蔡竣寧！

陳老師分析

彭鼎章，天格13劃、屬火，人格25劃、屬土，地格24劃、屬火，外格12劃、屬木，總格36劃、屬土，爲天格生人格，地格生人格，外格剋人格，天格生地格，外格生天格，外格生地格，天格生總格，人格生總格，地格生總格，外格剋總格的格局。

在家中乖巧聽話的彭鼎章，爲什麼會變了一個樣？

陳老師分析，外格剋人格使得彭鼎章出了家門對朋友格外重視，過度講義氣的他難免因此被利用，加上他的地格爲火，地格生人格，很愛場面又趕時髦，一交上壞朋友，不好的習性就慢慢地顯露出來，而他地格被天格和外格來生，使得火的力量越大，愛面子的個性也愈大。

責力、認眞的彭鼎章在人生旅程本來可以走得穩穩順順，但是今天他會讓父母操心，最大的問題就在於他不懂得拒絕別人、又衝動，所以易被壞朋友污染。

蔡竣寧，天格18劃、屬金，人格29劃、屬水，地格26劃、屬土，外格15劃、屬土，總格43劃、屬火，爲天格生人格，地格剋人格，外格剋人格，外格生地格，地格生天格，外格生天格，人格剋總格，總格剋天格，總格生地格，外格生總格的格局。

地格剋人格，外格剋人格，天格生人格使然，兩剋一生使得蔡竣寧的人生中途而落，易進入黑道，他的阿莎力讓兩生一刻的彭鼎章極爲佩服，當然隨著蔡竣寧的腳步走，越陷越深。

聽了陳老師的分析，彭母急得不知該如何是好，希望陳老師能幫助彭鼎章早日走回正途，陳老師也建議將彭鼎章的名字改成不要在家聽父母，出外聽朋友，要有自己的主見，懂得表達，而不是在家乖乖的什麼都不講，只把心事向外面的朋友吐露，免得受人牽制利用而浪費了大好人生。

一、打破熊崎式凶數之說

一、打破熊崎式凶數之說

多少劃是凶？多少劃爲吉？

坊間之姓名學，大都論及相剋爲凶，相生爲吉，使得多數人見自己的姓名筆劃爲凶數或三才的姓名格局爲凶，下一秒即變得心神不寧，無法做事；而見到姓名爲吉數，才又高興萬分，欣喜若狂，忘了努力。

其實，姓名學不應只論筆劃和三才運勢之吉凶，如果只以三才之吉凶、相生、相剋來論斷的話，實在太斷章取義了，因爲三才尚需配合外格、總格及天運來生剋，或以五行的生剋，所產生的各種狀況來論斷才是。

三才只有天格、人格、地格，如果以此三格是否相剋而否定姓名相生之可能性，未免太過武斷。其實，在三才之外，還有外格和總格，三才和外格及總格之間相互牽引的關係，不可不注意，而從五格的相生相剋關係來論命盤，才能綜斷其成敗休咎。

二、直斷式姓名學之吉格劃數配合

劃數	二劃之姓			
姓氏	丁力刀刁匕卜乃			
姓名之吉格劃數配合	6 [1, 2, 6, 5] 3, 8, 11 — 13	6 [1, 2, 16, 5] 3, 8, 21 — 23	9 [1, 2, 10, 8] 3, 12, 18 — 20	18 [1, 2, 10, 17] 3, 12, 27 — 29
	16 [1, 2, 6, 15] 3, 8, 21 — 23	16 [1, 2, 16, 15] 3, 18, 31 — 33	8 [1, 2, 10, 7] 3, 12, 17 — 19	19 [1, 2, 10, 18] 3, 12, 28 — 30
	17 [1, 2, 6, 16] 3, 8, 22 — 24	17 [1, 2, 16, 16] 3, 18, 32 — 34	9 [1, 2, 20, 8] 3, 22, 28 — 30	18 [1, 2, 20, 17] 3, 22, 37 — 39
	13 [1, 2, 14, 12] 3, 6, 26 — 28	14 [1, 2, 14, 13] 3, 16, 27 — 29	8 [1, 2, 20, 7] 3, 22, 27 — 29	19 [1, 2, 20, 18] 3, 22, 38 — 40

※取名要訣①凶數不是凶、吉數難言爲吉、吉數中有生無化爲大凶、吉數中有生恐不富也無貴、吉數中過多恐藏凶、凶數中有制爲不貴則富、凶數中有生有制不富也來貴。

（再配合八字喜忌）

劃數	三劃之姓			
姓氏	于干弓子万　土川女上山　大丈勺千士			
姓名之吉格劃數配合	7 [1, 3, 5, 6] 4, 8, 11 ／ 14	17 [1, 3, 25, 16] 4, 28, 41 ／ 44	22 [1, 3, 20, 21] 4, 23, 41 ／ 44	10 [1, 3, 18, 9] 4, 21, 27 ／ 30
	7 [1, 3, 15, 6] 4, 18, 21 ／ 24	12 [1, 3, 10, 11] 4, 13, 21 ／ 24	14 [1, 3, 12, 13] 4, 15, 25 ／ 28	20 [1, 3, 18, 19] 4, 21, 37 ／ 40
	17 [1, 3, 15, 16] 4, 18, 31 ／ 34	12 [1, 3, 20, 11] 4, 23, 31 ／ 34	14 [1, 3, 22, 13] 4, 25, 35 ／ 38	13 [1, 3, 10, 12] 4, 13, 22 ／ 25
	7 [1, 3, 25, 6] 4, 28, 31 ／ 34	22 [1, 3, 10, 21] 4, 13, 31 ／ 34	24 [1, 3, 22, 23] 4, 25, 45 ／ 48	13 [1, 3, 20, 12] 4, 23, 32 ／ 35

※取名要訣②五行變化之關係，都喜用相生來構成，其實經筆者研究結論，相生多不是喜，多剋不是剋，有生無剋才不利，被生多無化才大凶，有剋無生凶中一定藏吉，要應用全局演化，否則只有徒增困擾或不吉。（要再配合八字喜忌）

劃數	四劃之姓			
姓氏	孔戈毛方卞 巴勾任牛水 犬尤文尹元 支公仇			
姓名之吉格劃數配合	15 [1 4 12 14] 5 16 26 30	13 [1 4 10 12] 5 14 22 26	8 [1 4 6 7] 5 10 13 17	20 [1 4 20 19] 5 24 39 43
	15 [1 4 13 14] 5 17 27 31	14 [1 4 10 13] 5 14 23 27	8 [1 4 16 7] 5 20 23 27	20 [1 4 10 19] 5 14 29 33
	6 [1 4 13 5] 5 17 18 22	13 [1 4 20 12] 5 24 32 36	18 [1 4 16 17] 5 20 33 37	15 [1 4 22 14] 5 26 36 40
	16 [1 4 13 15] 5 17 28 32	14 [1 4 20 13] 5 24 33 37	18 [1 4 6 17] 5 10 23 27	16 [1 4 23 15] 5 27 38 42

※取名要訣①凶數不是凶、吉數難言爲吉、吉數中有生無化爲大凶、吉數中有生恐不富也無貴、吉數中過多恐藏凶、凶數中有制爲不貴則富、凶數中有生有制不富也來貴。

（再配合八字喜忌）

劃數	五劃之姓			
姓氏	王丘包冉古	卡石井平左	皮甘田申台	史司白由永
姓名之吉格劃數配合	7 [1, 5, 12, 6] 6, 17, 18 — 23	5 [1, 5, 20, 4] 6, 25, 24 — 29	4 [1, 5, 10, 3] 6, 15, 13 — 18	9 [1, 5, 5, 8] 6, 10, 13 — 18
	7 [1, 5, 22, 6] 6, 27, 28 — 33	5 [1, 5, 10, 4] 6, 15, 14 — 19	14 [1, 5, 10, 13] 6, 15, 23 — 28	9 [1, 5, 15, 8] 6, 20, 23 — 28
	17 [1, 5, 12, 16] 6, 17, 28 — 33	15 [1, 5, 20, 14] 6, 25, 34 — 39	14 [1, 5, 20, 13] 6, 25, 33 — 38	19 [1, 5, 15, 18] 6, 20, 33 — 38
	17 [1, 5, 22, 16] 6, 27, 38 — 43	15 [1, 5, 10, 14] 6, 15, 24 — 29	4 [1, 5, 20, 3] 6, 25, 23 — 28	13 [1, 5, 18, 12] 6, 23, 30 — 35

※取名要訣②五行變化之關係，都喜用相生來構成，其實經筆者研究結論，相生多不是喜，多剋不是剋，有生無剋才不利，被生多無化才大凶，有剋無生凶中一定藏吉，要應用全局演化，否則只有徒增困擾或不吉。（要再配合八字喜忌）

劃數	六劃之姓			
姓氏	匡朱朴年米 羊安曲西臣 任伍吉牟衣 多			
姓名之吉格劃數配合	11 [1, 6, 16, 10] 7, 22, 26 總 32	10 [1, 6, 6, 9] 7, 12, 15 總 21	17 [1, 6, 12, 16] 7, 18, 28 總 34	9 [1, 6, 4, 8] 7, 10, 12 總 18
	21 [1, 6, 16, 20] 7, 22, 36 總 42	10 [1, 6, 16, 9] 7, 22, 25 總 31	27 [1, 6, 12, 26] 7, 18, 38 總 44	19 [1, 6, 14, 18] 7, 20, 32 總 38
	11 [1, 6, 6, 10] 7, 12, 16 總 22	20 [1, 6, 6, 19] 7, 12, 25 總 31	18 [1, 6, 13, 17] 7, 19, 30 總 36	13 [1, 6, 10, 12] 7, 16, 22 總 28
	21 [1, 6, 6, 20] 7, 12, 26 總 32	20 [1, 6, 16, 19] 7, 22, 35 總 41	19 [1, 6, 14, 18] 7, 20, 32 總 38	13 [1, 6, 20, 12] 7, 26, 32 總 38

※取名要訣①凶數不是凶、吉數難言爲吉、吉數中有生無化爲大凶、吉數中有生恐不富也無貴、吉數中過多恐藏凶、凶數中有制爲不貴則富、凶數中有生有制不富也來貴。

（再配合八字喜忌）

劃數	七劃之姓			
姓氏	冷利余邵何 岑巫成宋完 孚呂吳谷李 江池杜束車 兵貝辛			
姓名之吉格劃數配合	11 [1, 7, 5, 10] 8, 12, 15 — 22	21 [1, 7, 15, 20] 8, 22, 35 — 42	24 [1, 7, 8, 23] 8, 15, 31 — 38	6 [1, 7, 20, 5] 8, 27, 25 — 32
	11 [1, 7, 15, 10] 8, 22, 25 — 32	15 [1, 7, 8, 14] 8, 15, 22 — 29	19 [1, 7, 12, 18] 8, 19, 30 — 37	7 [1, 7, 20, 6] 8, 27, 26 — 33
	21 [1, 7, 5, 20] 8, 12, 25 — 32	14 [1, 7, 8, 13] 8, 15, 21 — 28	9 [1, 7, 12, 8] 8, 19, 20 — 27	9 [1, 7, 14, 8] 8, 21, 22 — 29
	9 [1, 7, 4, 8] 8, 11, 12 — 19	15 [1, 7, 18, 14] 8, 25, 32 — 39	19 [1, 7, 22, 18] 8, 29, 40 — 47	19 [1, 7, 14, 18] 8, 21, 32 — 39

※取名要訣②五行變化之關係，都喜用相生來構成，其實經筆者研究結論，相生多不是喜，多剋不是剋，有生無剋才不利，被生多無化才大凶，有剋無生凶中一定藏吉，要應用全局演化，否則只有徒增困擾或不吉。（要再配合八字喜忌）

劃數	八劃之姓			
姓氏	周沙明於東 易岳武果屈 季官金房林 汪沈艾狄卓 來宗孟尙			
姓名之吉格劃數配合	1, 8, 6, 12 ｜ 9, 14, 18 ｜ 13 ｜ 26	1, 8, 20, 7 ｜ 9, 28, 27 ｜ 8 ｜ 35	1, 8, 6, 21 ｜ 9, 14, 27 ｜ 22 ｜ 35	1, 8, 20, 13 ｜ 9, 28, 33 ｜ 14 ｜ 41
	1, 8, 16, 12 ｜ 9, 24, 28 ｜ 13 ｜ 36	1, 8, 20, 17 ｜ 9, 28, 37 ｜ 18 ｜ 45	1, 8, 16, 21 ｜ 9, 24, 37 ｜ 22 ｜ 45	1, 8, 10, 7 ｜ 9, 18, 17 ｜ 8 ｜ 25
	1, 8, 6, 22 ｜ 9, 14, 28 ｜ 23 ｜ 36	1, 8, 6, 11 ｜ 9, 14, 17 ｜ 12 ｜ 25	1, 8, 12, 18 ｜ 9, 20, 30 ｜ 19 ｜ 38	1, 8, 10, 17 ｜ 9, 18, 27 ｜ 18 ｜ 35
	1, 8, 16, 22 ｜ 9, 24, 38 ｜ 23 ｜ 46	1, 8, 16, 11 ｜ 9, 24, 27 ｜ 12 ｜ 35	1, 8, 22, 18 ｜ 9, 30, 40 ｜ 19 ｜ 48	1, 8, 20, 17 ｜ 9, 28, 37 ｜ 18 ｜ 45

※取名要訣①凶數不是凶、吉數難言爲吉、吉數中有生無化爲大凶、吉數中有生恐不富也無貴、吉數中過多恐藏凶、凶數中有制爲不貴則富、凶數中有生有制不富也來貴。

（再配合八字喜忌）

劃數	姓氏
九劃之姓	南哈秦姚姜　保俞侯柯柳　柴段宣封帥　韋紀查施禹　計風

姓名之吉格劃數配合

1、9、5、2；10、14、7；外3；總16	1、9、15、22；10、24、37；外23；總46	1、9、18、6；10、27、24；外7；總33	1、9、14、10；10、23、24；外11；總33
1、9、5、12；10、14、17；外13；總26	1、9、22、10；10、31、32；外11；總41	1、9、12、20；10、21、32；外21；總41	1、9、14、20；10、23、34；外21；總43
1、9、5、22；10、14、27；外23；總36	1、9、20、18；10、29、38；外19；總47	1、9、22、20；10、31、42；外21；總51	1、9、18、16；10、25、34；外17；總43
1、9、15、12；10、24、27；外13；總36	1、9、18、5；10、27、23；外6；總32	1、9、4、10；10、13、14；外11；總23	1、9、18、26；10、27、44；外27；總53

※取名要訣②五行變化之關係，都喜用相生來構成，其實經筆者研究結論，相生多不是喜，多剋不是剋，有生無剋才不利，被生多無化才大凶，有剋無生凶中一定藏吉，要應用全局演化，否則只有徒增困擾或不吉。（要再配合八字喜忌）

劃數	十劃之姓			
姓氏	唐孫容師留、晏晁時栗徐、恭烏皋花祖、秦袁高洪倪、席凌夏宮殷、晉奚馬祝翁、耿涂			
姓名之吉格劃數配合	15 [1, 10, 12, 14] 11, 22, 26 — 36	14 [1, 10, 6, 13] 11, 16, 19 — 29	25 [1, 10, 16, 24] 11, 26, 40 — 50	23 [1, 10, 14, 22] 11, 24, 36 — 46
	5 [1, 10, 12, 4] 11, 22, 16 — 26	14 [1, 10, 16, 13] 11, 26, 29 — 39	15 [1, 10, 6, 14] 11, 16, 20 — 30	13 [1, 10, 24, 12] 11, 34, 36 — 46
	15 [1, 10, 22, 14] 11, 32, 36 — 46	24 [1, 10, 16, 23] 11, 26, 39 — 49	25 [1, 10, 6, 24] 11, 16, 30 — 40	13 [1, 10, 4, 12] 11, 14, 16 — 26
	25 [1, 10, 22, 24] 11, 32, 46 — 56	15 [1, 10, 16, 14] 11, 26, 30 — 40	13 [1, 10, 14, 12] 11, 24, 26 — 36	23 [1, 10, 24, 22] 11, 34, 46 — 56

※取名要訣①凶數不是凶、吉數難言爲吉、吉數中有生無化爲大凶、吉數中有生恐不富也無貴、吉數中過多恐藏凶、凶數中有制爲不貴則富、凶數中有生有制不富也來貴。

（再配合八字喜忌）

劃數	十一畫之姓			
姓氏	乾參區商國 畢崔常梅戚 康張邢那苗 范符胡麥鹿 曹英許梁章 婁海粘尉			
姓名之吉格劃數配合	13 [1 11 14 12] 12 25 26 37	5 [1 11 5 4] 12 16 9 20	25 [1 11 15 24] 12 26 39 50	9 [1 11 8 8] 12 19 16 27
	23 [1 11 14 22] 12 25 36 47	15 [1 11 15 14] 12 26 29 40	11 [1 11 20 10] 12 21 30 41	9 [1 11 18 8] 12 29 26 37
	13 [1 11 24 12] 12 35 36 47	5 [1 11 15 4] 12 26 19 30	11 [1 11 10 10] 12 21 20 31	19 [1 11 18 18] 12 29 36 47
	23 [1 11 24 22] 12 35 46 57	15 [1 11 5 14] 12 16 19 30	21 [1 11 20 20] 12 31 40 51	10 [1 11 10 9] 12 21 19 30

※取名要訣②五行變化之關係，都喜用相生來構成，其實經筆者研究結論，相生多不是喜，多剋不是剋，有生無剋才不利，被生多無化才大凶，有剋無生凶中一定藏吉，要應用全局演化，否則只有徒增困擾或不吉。（要再配合八字喜忌）

劃數	十二劃之姓			
姓氏	堯彭屠欽曾 斐買費荊虞 覃盛童粟辜 邱邵阮馮黃 黑雲項焦傅 程賀郜祁單 喬甯舒			
姓名之吉格劃數配合	15 [1, 12, 14, 14] 13, 26, 28 — 40	6 [1, 12, 23, 5] 13, 35, 28 — 40	16 [1, 12, 6, 15] 13, 18, 21 — 33	17 [1, 12, 6, 16] 13, 18, 22 — 34
	5 [1, 12, 14, 4] 13, 26, 18 — 30	15 [1, 12, 23, 14] 13, 35, 37 — 49	6 [1, 12, 16, 5] 13, 28, 21 — 33	18 [1, 12, 10, 17] 13, 22, 27 — 39
	6 [1, 12, 13, 5] 13, 25, 18 — 30	6 [1, 12, 6, 5] 13, 18, 11 — 23	17 [1, 12, 16, 16] 13, 28, 32 — 44	18 [1, 12, 20, 17] 13, 32, 37 — 49
	16 [1, 12, 13, 15] 13, 25, 28 — 40	16 [1, 12, 16, 15] 13, 28, 31 — 43	7 [1, 12, 16, 6] 13, 28, 22 — 34	22 [1, 12, 10, 21] 13, 22, 31 — 43

※取名要訣①凶數不是凶、吉數難言爲吉、吉數中有生無化爲大凶、吉數中有生恐不富也無貴、吉數中過多恐藏凶、凶數中有制爲不貴則富、凶數中有生有制不富也來貴。

（再配合八字喜忌）

劃數	十三劃之姓			
姓氏	塗楊楚游雷 靳農莊莫詹 解虞賈裘路 湯郁			
姓名之吉格劃數配合	7 [1, 13, 5, 6] 14, 18, 11 24	15 [1, 13, 12, 14] 14, 25, 26 39	25 [1, 13, 12, 24] 14, 25, 36 49	11 [1, 13, 18, 10] 14, 31, 28 41
	7 [1, 13, 15, 6] 14, 28, 21 34	15 [1, 13, 22, 14] 14, 35, 36 49	20 [1, 13, 18, 19] 14, 31, 37 50	21 [1, 13, 18, 20] 14, 31, 38 51
	17 [1, 13, 15, 16] 14, 28, 31 44	5 [1, 13, 12, 4] 14, 25, 16 29	12 [1, 13, 10, 11] 14, 23, 21 34	12 [1, 13, 20, 11] 14, 33, 31 44
	17 [1, 13, 25, 16] 14, 38, 41 54	5 [1, 13, 22, 4] 14, 35, 26 39	13 [1, 13, 10, 12] 14, 23, 22 35	13 [1, 13, 20, 12] 14, 33, 32 45

※取名要訣②五行變化之關係，都喜用相生來構成，其實經筆者研究結論，相生多不是喜，多剋不是剋，有生無剋才不利，被生多無化才大凶，有剋無生凶中一定藏吉，要應用全局演化，否則只有徒增困擾或不吉。（要再配合八字喜忌）

劃數	十四劃之姓			
姓氏	廖熊甄臺華 裴趙連郎溫 郝齊翟滕郜 榮管端聞銀 寧壽賓			
姓名之吉格劃數配合	9 [1, 14, 6, 8] 15, 20, 14 28	8 [1, 14, 16, 7] 15, 30, 23 37	16 [1, 14, 22, 15] 15, 36, 37 51	10 [1, 14, 20, 9] 15, 34, 29 43
	9 [1, 14, 16, 8] 15, 30, 24 38	18 [1, 14, 16, 17] 15, 30, 33 47	6 [1, 14, 12, 5] 15, 26, 17 31	20 [1, 14, 20, 19] 15, 34, 39 53
	19 [1, 14, 16, 18] 15, 30, 34 48	18 [1, 14, 6, 17] 15, 20, 23 37	6 [1, 14, 22, 5] 15, 36, 27 41	14 [1, 14, 20, 13] 15, 34, 33 47
	8 [1, 14, 6, 7] 15, 20, 13 27	16 [1, 14, 12, 15] 15, 26, 27 41	26 [1, 14, 22, 25] 15, 36, 47 61	24 [1, 14, 20, 23] 15, 34, 43 57

※取名要訣①凶數不是凶、吉數難言爲吉、吉數中有生無化爲大凶、吉數中有生恐不富也無貴、吉數中過多恐藏凶、凶數中有制爲不貴則富、凶數中有生有制不富也來貴。

（再配合八字喜忌）

劃數	十五劃之姓			
姓氏	墨樂童郭黎 劉葉歐萬葛 魯樊樓厲談 鞏練標			
姓名之吉格劃數配合	17 [1, 15, 12, 16] 16, 27, 28 43	15 [1, 15, 10, 14] 16, 25, 24 39	24 [1, 15, 20, 23] 16, 35, 43 58	23 [1, 15, 18, 22] 16, 33, 40 55
	7 [1, 15, 12, 6] 16, 27, 18 33	15 [1, 15, 20, 14] 16, 35, 34 49	4 [1, 15, 20, 3] 16, 35, 23 38	9 [1, 15, 15, 8] 16, 30, 23 38
	7 [1, 15, 22, 6] 16, 37, 28 43	5 [1, 15, 20, 4] 16, 35, 24 39	4 [1, 15, 10, 3] 16, 25, 13 28	19 [1, 15, 15, 18] 16, 30, 33 48
	17 [1, 15, 22, 16] 16, 37, 38 53	14 [1, 15, 10, 13] 16, 25, 23 38	13 [1, 15, 18, 12] 16, 33, 30 45	19 [1, 15, 5, 18] 16, 20, 23 38

※取名要訣②五行變化之關係，都喜用相生來構成，其實經筆者研究結論，相生多不是喜，多剋不是剋，有生無剋才不利，被生多無化才大凶，有剋無生凶中一定藏吉，要應用全局演化，否則只有徒增困擾或不吉。（要再配合八字喜忌）

劃數	十六劃之姓			
姓氏	衛陳陸霍賴 龍陶潘盧錢 駱穆鄂閻鮑			
姓名之吉格劃數配合	1 16 13 7 ／ 17 29 20 ／ 8 36	1 16 14 8 ／ 17 30 22 ／ 9 38	1 16 16 9 ／ 17 32 25 ／ 10 41	1 16 6 20 ／ 17 22 26 ／ 21 42
	1 16 23 7 ／ 17 39 30 ／ 8 46	1 16 14 18 ／ 17 30 32 ／ 19 48	1 16 16 19 ／ 17 32 35 ／ 20 51	1 16 6 10 ／ 17 22 16 ／ 11 32
	1 16 13 17 ／ 17 29 30 ／ 18 46	1 16 4 18 ／ 17 20 22 ／ 19 38	1 16 16 10 ／ 17 32 26 ／ 11 42	1 16 20 15 ／ 17 36 35 ／ 16 51
	1 16 24 8 ／ 17 40 32 ／ 9 48	1 16 6 9 ／ 17 22 15 ／ 10 31	1 16 16 20 ／ 17 32 36 ／ 21 52	1 16 20 12 ／ 17 36 32 ／ 13 48

※取名要訣①凶數不是凶、吉數難言爲吉、吉數中有生無化爲大凶、吉數中有生恐不富也無貴、吉數中過多恐藏凶、凶數中有制爲不貴則富、凶數中有生有制不富也來貴。

（再配合八字喜忌）

劃數	十七劃之姓			
姓氏	蔡蔣韓鄒鄔 謝鍾應繆陽 隋勵翼			
姓名之吉格劃數配合	15 [1, 17, 18, 14] 18, 35, 32 49	19 [1, 17, 22, 18] 18, 39, 40 57	21 [1, 17, 5, 20] 18, 22, 25 42	11 [1, 17, 21, 10] 18, 38, 31 48
	15 [1, 17, 8, 14] 18, 25, 22 39	11 [1, 17, 5, 10] 18, 22, 15 32	5 [1, 17, 18, 4] 18, 35, 22 39	19 [1, 17, 22, 18] 18, 39, 40 57
	17 [1, 17, 20, 16] 18, 37, 36 53	11 [1, 17, 15, 10] 18, 32, 25 42	7 [1, 17, 20, 6] 18, 37, 26 43	21 [1, 17, 21, 20] 18, 38, 41 58
	19 [1, 17, 12, 18] 18, 29, 30 47	21 [1, 17, 15, 20] 18, 32, 35 52	11 [1, 17, 11, 10] 18, 28, 21 38	9 [1, 17, 12, 8] 18, 29, 20 37

※取名要訣②五行變化之關係，都喜用相生來構成，其實經筆者研究結論，相生多不是喜，多剋不是剋，有生無剋才不利，被生多無化才大凶，有剋無生凶中一定藏吉，要應用全局演化，否則只有徒增困擾或不吉。（要再配合八字喜忌）

劃數	十八劃之姓			
姓氏	魏簡蕭顏戴 闕儲鄞聶豐 睢董璩			
姓名之吉格劃數配合	12 [1, 18, 6, 11] 19, 24, 17 — 35	13 [1, 18, 6, 12] 19, 24, 18 — 36	11 [1, 18, 14, 10] 19, 32, 24 — 42	24 [1, 18, 20, 23] 19, 38, 43 — 61
	12 [1, 18, 16, 11] 19, 34, 27 — 45	13 [1, 18, 16, 12] 19, 34, 28 — 46	21 [1, 18, 14, 20] 19, 32, 34 — 52	8 [1, 18, 20, 7] 19, 38, 27 — 45
	22 [1, 18, 16, 21] 19, 34, 37 — 55	23 [1, 18, 16, 22] 19, 34, 38 — 56	21 [1, 18, 4, 20] 19, 22, 24 — 42	18 [1, 18, 20, 17] 19, 38, 37 — 45
	22 [1, 18, 6, 21] 19, 24, 27 — 45	11 [1, 18, 4, 10] 19, 22, 14 — 32	14 [1, 18, 20, 13] 19, 38, 33 — 51	18 [1, 18, 10, 17] 19, 28, 27 — 45

※取名要訣①凶數不是凶、吉數難言爲吉、吉數中有生無化爲大凶、吉數中有生恐不富也無貴、吉數中過多恐藏凶、凶數中有制爲不貴則富、凶數中有生有制不富也來貴。

（再配合八字喜忌）

劃數	十九劃之姓			
姓氏	龐譙鄧關薄 鄭薛譚			
姓名之吉格劃數配合	13 [1, 19, 5, 12] 20, 24, 17 36	11 [1, 19, 4, 10] 20, 23, 14 33	17 [1, 19, 18, 16] 20, 37, 34 53	11 [1, 19, 12, 10] 20, 31, 22 41
	23 [1, 19, 5, 22] 20, 24, 27 46	21 [1, 19, 4, 20] 20, 23, 24 43	7 [1, 19, 18, 6] 20, 37, 24 43	11 [1, 19, 22, 10] 20, 41, 32 51
	13 [1, 19, 15, 12] 20, 34, 27 46	11 [1, 19, 14, 10] 20, 33, 24 43	9 [1, 19, 10, 8] 20, 29, 18 37	21 [1, 19, 22, 20] 20, 41, 42 61
	23 [1, 19, 15, 22] 20, 34, 37 56	21 [1, 19, 14, 20] 20, 33, 34 53	19 [1, 19, 10, 18] 20, 29, 28 47	21 [1, 19, 12, 20] 20, 31, 32 51

※取名要訣②五行變化之關係，都喜用相生來構成，其實經筆者研究結論，相生多不是喜，多剋不是剋，有生無剋才不利，被生多無化才大凶，有剋無生凶中一定藏吉，要應用全局演化，否則只有徒增困擾或不吉。（要再配合八字喜忌）

劃數	廿劃之姓
姓氏	竇繼羅嚴藍 鐘闞釋爐

姓名之吉格劃數配合			
15 [1, 20, 6, 14] 21, 26, 20 / 40	24 [1, 20, 6, 23] 21, 26, 29 / 49	25 [1, 20, 16, 24] 21, 36, 40 / 60	10 [1, 20, 10, 9] 21, 30, 19 / 39
15 [1, 20, 16, 14] 21, 36, 30 / 50	24 [1, 20, 16, 23] 21, 36, 39 / 59	16 [1, 20, 20, 15] 21, 40, 35 / 55	15 [1, 20, 12, 14] 21, 32, 26 / 46
14 [1, 20, 6, 13] 21, 26, 19 / 39	5 [1, 20, 6, 4] 21, 26, 10 / 30	16 [1, 20, 10, 15] 21, 30, 25 / 45	15 [1, 20, 22, 14] 21, 42, 36 / 56
14 [1, 20, 16, 13] 21, 36, 29 / 49	25 [1, 20, 6, 24] 21, 26, 30 / 50	6 [1, 20, 20, 5] 21, 40, 25 / 45	5 [1, 20, 12, 4] 21, 32, 16 / 36

※取名要訣①凶數不是凶、吉數難言爲吉、吉數中有生無化爲大凶、吉數中有生恐不富也無貴、吉數中過多恐藏凶、凶數中有制爲不貴則富、凶數中有生有制不富也來貴。

（再配合八字喜忌）

劃數	廿一劃之姓			
姓氏	顧饒鐵續			
姓名之吉格劃數配合	5 [1, 21, 11, 4] 22, 32, 15 36	23 [1, 21, 14, 22] 22, 35, 36 57	15 [1, 21, 15, 14] 22, 36, 29 50	9 [1, 21, 18, 8] 22, 39, 26 47
	15 [1, 21, 11, 14] 22, 32, 25 46	13 [1, 21, 4, 12] 22, 25, 16 37	15 [1, 21, 5, 14] 22, 26, 19 40	19 [1, 21, 18, 18] 22, 39, 36 57
	25 [1, 21, 11, 24] 22, 32, 35 56	23 [1, 21, 4, 22] 22, 25, 26 47	25 [1, 21, 15, 24] 22, 36, 39 60	11 [1, 21, 10, 10] 22, 31, 20 41
	13 [1, 21, 14, 12] 22, 35, 26 47	5 [1, 21, 5, 4] 22, 26, 9 30	9 [1, 21, 8, 8] 22, 29, 16 37	11 [1, 21, 20, 10] 22, 41, 30 51

※取名要訣②五行變化之關係，都喜用相生來構成，其實經筆者研究結論，相生多不是喜，多剋不是剋，有生無剋才不利，被生多無化才大凶，有剋無生凶中一定藏吉，要應用全局演化，否則只有徒增困擾或不吉。（要再配合八字喜忌）

劃數	廿二劃之姓			
姓氏	蘭蘇龔邊			
姓名之吉格劃數配合	1 22 (23) 4 (26) 14 (18) 外15 總40	1 22 (23) 16 (38) 5 (21) 外6 總43	1 22 (23) 10 (32) 17 (27) 外18 總49	1 22 (23) 6 (28) 5 (11) 外6 總33
	1 22 (23) 14 (36) 24 (38) 外25 總60	1 22 (23) 6 (28) 15 (21) 外16 總43	1 22 (23) 20 (42) 17 (37) 外18 總59	1 22 (23) 10 (32) 11 (21) 外12 總43
	1 22 (23) 14 (36) 14 (28) 外15 總50	1 22 (23) 16 (38) 15 (31) 外16 總53	1 22 (23) 6 (28) 16 (22) 外17 總44	1 22 (23) 20 (42) 11 (31) 外12 總53
	1 22 (23) 24 (46) 14 (38) 外15 總60	1 22 (23) 16 (38) 6 (22) 外7 總44	1 22 (23) 16 (38) 16 (32) 外17 總54	1 22 (23) 20 (42) 21 (41) 外22 總63

※取名要訣①凶數不是凶、吉數難言爲吉、吉數中有生無化爲大凶、吉數中有生恐不富也無貴、吉數中過多恐藏凶、凶數中有制爲不貴則富、凶數中有生有制不富也來貴。

（再配合八字喜忌）

數劃	廿三劃之姓			
姓氏	蘭 欒 顯			
姓名之吉格劃數配合	7［1 23 5 6］24 28 11 34	5［1 23 12 4］24 35 16 39	21［1 23 8 20］24 31 28 51	7［1 23 5 6］24 28 11 34
	15［1 23 12 14］24 35 26 49	12［1 23 10 11］24 33 21 44	21［1 23 18 20］24 41 38 61	17［1 23 5 16］24 28 21 44
	7［1 23 15 6］24 38 21 44	12［1 23 20 11］24 43 31 54	7［1 23 15 6］24 38 21 44	20［1 23 18 19］24 41 37 60
	15［1 23 22 14］24 45 36 59	22［1 23 20 21］24 43 41 64	17［1 23 15 16］24 38 31 54	20［1 23 8 19］24 31 27 50

※取名要訣②五行變化之關係，都喜用相生來構成，其實經筆者研究結論，相生多不是喜，多剋不是剋，有生無剋才不利，被生多無化才大凶，有剋無生凶中一定藏吉，要應用全局演化，否則只有徒增困擾或不吉。（要再配合八字喜忌）

玖

附錄

附錄一、正確筆劃數之說明

文字部首

- 扌（手），提手旁，以手字為四劃，例：提（13）、挑（10）、打（6）。
- 忄（心），立心旁，以心字為四劃。例：愉（13）、恬（10）、悅（11）。
- 氵（水），三點水，以水字為四劃。例：湘（13）、洪（10）、淨（12）、法（9）。
- 犭（犬），秉犬旁，以犬字為四劃。例：猶（13）、狠（10）、猿（14）、猛（12）。
- 礻（示），半禮旁，以示字為五劃。例：禎（14）、祥（11）、祺（13）。
- 王（玉），玉字旁，以玉字為五劃。例：瑞（14）、珠（11）、理（7）、玲（10）
- 艹（艸），草字頭，以艸字為六劃。例：萬（15）、草（12）、芝（10）、蓉（16）。
- 衤（衣），半衣旁，以衣字為六劃。例：褐（15）、袱（11）、裕（13）、裴（14）。
- 月（肉），肉字旁，以肉字為六劃。例：腦（15）、脈（12）、育（10）、能（12）。
- 辶（辵），走馬旁，以辵字為六劃。例：遇（16）、送（13）、超（12）、起（10）。
- 阝（邑），右耳勾，以邑字為七劃。例：都（16）、郊（13）、郭（15）、邵（12）。

●阝（阜），左耳勾，以阜字為八劃。例：隊（17）、限（14）、陳（16）。

註：以上係以文字歸類為部首為準，如不歸列以上部首，則仍以形計算實有劃數，如「酒」字屬酉部，非「水」部，故仍為十劃，非十一劃，巡字屬「巛」部非「辵」部，故仍為七劃，而非十劃，照此則可得姓名學標準字劃數。

附錄二、劃數容易算誤之文字

1. 五劃數：世、卯、巧。
2. 六劃數：印、臣、系、亥。
3. 七劃數：成、延、辰、廷。
4. 八劃數：函、協、亞、武。
5. 九劃數：飛、革、韋、泰。
6. 十劃數：育、馬、修、泰、晟、酒、致。
7. 十一劃數：偉、胡、卿、貫、紫、梁、斌。
8. 十二劃數：博、勝、能、傑、淵、黃、盛。
9. 十三劃數：祿、鼎、裕、琴、路。
10. 十四劃數：壽、鳳、華、慈、碧、與、賓。
11. 十五劃數：增、賜、郵、樣、腳、趣、儀、寬、廣、養。
12. 十六劃數：勳、達、龍、叡、錫、謁、遄、鄂、興、燕。
13. 十七劃數：隆、鄉、鴻、陽、嶽、聯、懇、燦。
14. 十八劃數：豐、環、戴、爵、襖、細、璧。

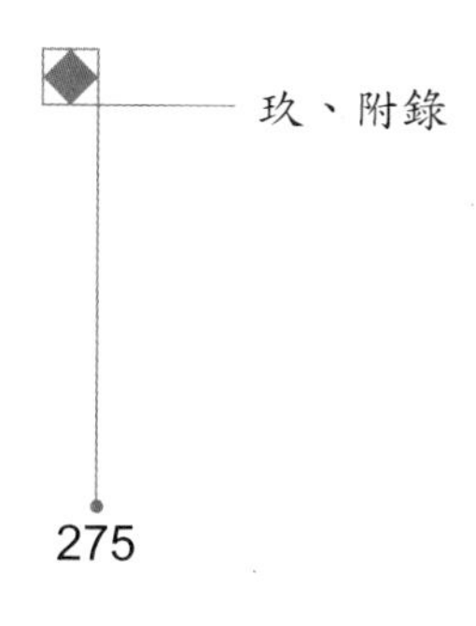

15.十九劃數：麗、寶、繩、贊、璿、攀、蟹。
16.二十劃數：瓊、瀚、臏、臘。
註：礻乃示；衤乃衣。上爲五劃數，下爲六劃數。

附錄三、百家姓字劃數參考表

一劃

金	木	水	火	土
	乙	一		

二劃

金	木	水	火	土
刀		丁	二	乃了人入力匕卜又几

三劃

五行	字
金	刃
木	三
水	子
火	丸巳亍
土	土山己
	久乞也于亡凡千丈口士夕大女小川工巾干弓寸下上万

四劃

五行	字
金	
木	四木
水	壬孔水
火	仇午太心日曰月火仃丹
土	丑牛犬
	不中之支斗予云元互井亢方文卞仁化仍允內切介今公分勿匀勾匹升友及反天夫父母以少尤尹幻引弔戶屯巴尺旡牙手止比毛气戈片斤氏爪欠

五劃

金	木	水	火	土	
申白	甲卯禾本末札瓜	冬北仔孕永	丙尻宄宁町叮夗包旦	五仙出戊未玉生田由石王玎	正他代付仗兄占右可句古司史只台召外央尼民巨目且皿册左布市玄立穴它平半 弁弘弗必瓦甘用疋皮矛矢示刊幼奴奶斥氐令功加巧扎丘世丕叶印

六劃

金	木	水	火	土	
西百乩	朽朴机朸朾朹竹休朵米衣朱	冰次冱汁汀氿亥任好存字囝吁孖汆舟	光肖旯旭旨旬行灰伙仵佾打危	圳圮圬圩圪地圯屾屹吐在圭吉寺庄戌牟羊老考至妃如丟伍件伏再先异艮六	亦充沖兇兆劣共刑刎刑列劦各合向后名夙多交吏宇安守宅州帆式戎收曳此死羽 而耳肉自臼血舌色虫企仳份仿伉伋伐伎优伿伉仱伀价伝仰仲伊伕曲臣匠囫匟同 因回吊吁吋吃如奸年弛聿牝舛犯扑扔扒忉每成

七劃

金	七伸辛酉兌赤伯皁
木	杆材杉村杖杈杓杠杌杙杅杇杕杚杋杜杞卵困匣秀禿利私杏体束余宋呆宋床
水	冶冷沷江汗汙汝汐池汎決汊汕汋汌汒汏求孜尿孚孛吼汞孝廷呈妊佟
火	灼灯旰昀盯災灸忍忘忐忑志忒吹吘旱究昆但佇玎町疔彤究
土	坑均坊圻圾坎址坍坻坅坉坋岐岍岏岈岋岉岒岆岓岌岕岑妞吜哞壯男谷坐坒
	李杍汜灶位佚何估佐作伺低伴佛伶伻佝佈佈佁伭伳攸伽妣妓妨妤妍妏妧仟忖忙 我戒攻更步甫良見言足豆貝身吝劬劭托邑系串亨君吾吳吞呂克兵判別刪助努告 吟吭吸吹吵巠巫罕希宏完局尾序延弟形役甸妍

八劃

金	木	水	火	土	
庚斧金佰帕帛呻妽	柶枘枸极杓杭枝杶松杻杷杯枚板林析枑枋枕杼枒和竺呷牀兔芀委艾糾奍妹	冽洗沏汭汽汰沈沉沅沌沖沃汲汾汻沆汶沍沔沘沂汸汧汫沄沋汯沚汭沇沕沜	炖炓炆炊炕炒明昕昀昉旼昅昐欥狄朋服肌肋刖京卓奈宗忞忽忠念昏昆昂昌	八住佳佶侍侔佯卦味妹姓妯宙宕岳岸岱岢岦幸夌坼坤坩坷坭坳坱坵坽坡坪	杻杵芃芋艾杲杳杰杺季 汻沁汩沓孢沐 炑林炪有 岬岶坦者弄住岠 快忪忮忡忨忱依佼侃供使侈佻佩例伽侁姒妮姍姑始姁拇扰抆技折扶抒抵扱物牧 初衸狁征徂彼欣放於版所臥帖弨弦盲直妻妾卒夜穹宗宛宓宜空官定抵店府尙居 岡固帑弩或戔房知命侖舍長阜來忝武孟者並些事承奇奉表卷取受叔兒免兩其具 典刷殺刺效協

九劃

金	木	水	火	土	
酓皆哂皈拍庠	柯枴柑枸枯柵柝柏柳柿相柙柜枰枷柷柮柆种秕科妙竽竿芋芍芒芄芃芊粁枲	癸泳沿河況沼治波泊泫泓泯沾泑泱泛泠泙泼沴泇妹姝俘斿勃	炸炬烔炳炫炤炟炩炮映昨昭昫肘肝軌紂約紆紈紅怚怕怲九亭亮音南宣急思	垠城垵垟垌垗垏垞峙峒峖砂砒斫眅毗畇玟玫玩型室屋怴性拓禺畏界故封痒	酊 柊柄柤枉柚柘柮秋查芏芭香芓 法泥泖油泡泊泍泞泧沰泩籽厚 星旺昧肚紀泉肐 炭思峘峋峐垝垙坦垛玥玝研 俅俋俄俙俠侯侵信俊促便侶俟俑怩怔宜怜怛怋怐招祈姻姚姺咪哄咿後律食剋韋 狐則勁勇咢咸哉品契威姜姿客爰帝幽度建彥拜施段帥甚看省眉奕穿宦突冠奐美 耐卻咨虹要計貞門面革風飛首羿政盈禹盃盆爲制勉勛

十劃

五行	字
金	釗神酌針釜原釘釙釖倖
木	桉校栱格根桃桐桁栩秤租秩秘笈笏笊笑芽芥芹花芫芝芳芙芬芨芛芷芸冤柴
水	凌海活洪洲津洗洞派洛洌泇洺洙洮泚洝洟航舫衽殊孫庭衍
火	烜烩烙烔烆烘時股肱肺肥肪軒馬倓倡借倬夏宵宴庫恩恕息恣恙指晉晏晃晁
土	埋埆垸埔峨峽峻峪峰峮砡砧破砲砥畜畔畝珏玻玳珈玿玹玲珂珊珍耄耘耕耗
	釘配 核株桎桂柱桄桓栒栖梅桔桁秝芯苂烋芤倸 洵洸洹洁注洼浐洋泚染 烊烓炷紝紐娟 埣峷珋珀砧恚垺栽皇 倚倨俱候倥修借倪值倜俳倍俯俸倫倭恍恫恢恆恤恬恪袂祐祠祝祖祚秘祓衿挌拾 防訓討託唔哼唏唄唆徑卿差益效旅兼冥剛剖射員哥唐家宮容倉展師席弱恭扇貢 高旁衷般眞窈缺翁晦眠耽臭虔蚊矩衾鬼狩豹貢財隼素索翅乘拳瓶迂青姬秦敏

十一劃

金	悅釧釣邪宿皎習愀釵釩釬酖釹釤釱釮
木	寅彬梳梭械梗梧梓梯桹梠桸移笥笞第符笠笙茄苒茆茉苴苓苡苯苙英苑苫苔
水	浩浚涉浮浦涌浴浪浜浡浣流涓涇涒浸浥浤浧浠浵紺終舷船舸舶雪魚悖悰
火	乾烺烽焌烙焐晞晚胗胚胞胖胎偲停婒娼婥婚勖勗辰冕曼唱庶焭悠悉烹焄鳥
土	埩埏埈堐埠埭堆堀培埴埼埕崆崎崛崍崢珮珥珧珞珓珙珩硉畦略副野動基堅
	釷釘 桴棹桯框梓梩栓桭梃梐桔犁茂茁苧苞苗笙笛埜粕綮悄悁 洿涂浬涑涗 烇細紬絀絃紵紳胛眺販 珠珣埮埻埰堍埥崞崤硃崑累胄偲狞崧婈貫畢 健偶側偵從得徘悛悕悟悌袢祧紾紹組絆絁婉婕娩婄婦娸溙設仿狹啓敎救敘敕敗 欸欷欲敝族旋唯啄斜捕強張 勘務區參啇問國閉寄窕寂鹿康庸尉將麥專爽率常彗彫戚毫毬眷祭翊翌處蛉袈袋 貨規近那鵲頃阡邢邟[illegible]邧邦勒圇哲焉偽衆悛帶黍偉參狼

十二劃

金	木	水	火	土	
欽鈞鈔鈧鈣鈒鈍鈉鈐鈜鈃酤酣奠尊皖皓弼迫	森棋棧植棱棓棕棌椅椎棱稂稀筈策答筑筒等筆筏荒草茸茶荇茹茨棼荔荊茗	寒淪涪涴淌淶涪淀濟淵淑淳淨淺淇淙添淬涵涿淼邶雰雱雯雲孱猛犉惇敦象	焱焙焺焯欻焮焜焙焰晶晰晬脈胴脇脂胸胼軫軸軻軼軺馭悼惔閒景智暑普最	堙堸堪場堤堠嵾崿嵎嵋嵫硬硯硫班珺球現理琉琄琅珽凱剴喜單堯壺報堡童	鈕鈦鈥鈊 椁棹錐棍梃棚稅稃悸筍茜范茬莓荄茱荐莞堇焚粧粞悶間裁傑 淦涼淩混淞淅深淋淡淖淄涯淯渚淘涎粱 絧絩絞給絝絲旭絕統絡絓惔媮 崀堰堷堬碌碑琇羨 備傅倩復悰惋惟捲掃捨授捷捧阪阱阮邱邵邸袴視幀幃詒証詔評詠喨喭喳媛媚割 創博喬善窖窗寓尋幾扉敢斐斯欺欿疏登發短竣翕舒瞬蛤蛬斛貼賀貴買貿躰開閔 圍項須順瓻殘跚量迪絜無黑斌剩媚殖廋

十三劃

金	木	水	火	土	
鈸鉢鉑鉬鉍鈶鉈鈮鉯鈱鉆鈳鉛鉉鉦鉄鈴鉓鉥鉤鉗鉏酮酪猶迺賈猴	楙楝楨楣楞楔椿椹極楗楺楫楀楹楔概椿椹椲楓稚稗粳粮荼莉莠莞荷莖楚筮	游港測湊湛渡湃渺渫渦渴湄渤渙渼渢湧湋滋湀溲湞渧湸湤湕湲綒艇郲雩雯	煁煇煥煉煬煜煖煡暇暉暄暗暖脛脫腅暋意感愚想慈愍暈會煦照嬰嫈詢詣載	塙塨塎塊塘塚塢塏嵯嵱嵣碔碇碑碗琦琮琲琪琤琱琢畸註誠詩詳嵩僅債催勤	鉀鉌鉋鉅鈿鈾鈺鉞鉐鉎鉅 楒楷楢椿楠楊楏椯楸楅梢楟楂楦楷楎楡楜稕稜稔禁愀莽莊莫莘莩莩茫筠節筐筳筌 湝湫湘湣渟湳渥湩湮湍渨渾湯渲湜湖湑渝盜渠滋 煒煙煤煃煨絺綠綎塋塱睽睚睦署 塛塒琥琳琛琰琨碄晼 傲傾僊傳傭傺衙御祺補裕揖揄媛嫆嫊媼嫁誨誇試跳路跡蜂蛾斟新雍歲殿僉睨督 矮禽監聘肆肅裘舅號虞蜀嗇解詹資退嗉郊阿附雉頌頓頒預飲飭飯鼎毽業裝戮嗣 圓奧廉愛毓耶程睪誨望

十四劃

五行	字
金	銃銑鉫銫銜話銛鉻銬銘鉿銅銚銀銨銦鉹銗銂銕鉽銆銙酷酺鉴鋈說
木	榛榕槁榶榑榤榐榷槐構槇榧榣稱菊菓華菜菩萊菱菸萃菀菌菲菕萓菽菘棻箇
水	溢溫溪源溝準溶滄滇溏溓滔滃溥淪艋豪閡陔郛霏僝福豪
火	熇熅熀熔煽熄瞑脾俯膆滕輅輑輕輔駟馺嫚嫜褌裧裮寧僭僚幛彰陋慇愿愬熒
土	墔墉墐墈嶁嶇嶍磁碩瑙瑗瑋瑀瑢瑞瑍斑琵琶琴端墅愧愷靺縸獃緇綾裬僖僥
	鋮銈銡鉞鉾銇鉣銖鉥銌銓銧銖銇鉥銪鋂暢酵酴酥 榳槂榥榪榗榎槐榴榬榿榡榞槍稍菰菖萌菼萸菎著菲菫莎狄箐筋筳喏婼 清溋溽滉溍滏滓漆溱滐潍溼溧溜溰湟湋淓湽潮溯詩 煌晴勝輇緂綽緄緒綿綾綸綩綬綺綰維緋綱綵綝綪禗榮犖嘅睽睡 墀墁境墇嶂磋碠琿瑄瑚瑜愷嶄嫠塵塺廙匯 僑像僕情愫慆愷愰慎慊稫種搖損搦搏搬褉禎禕幗猿獅犒誠誥誦誌誏喻旖旗嫗嫡 嫪嫦嫌嫣嫙娜蜜察寬實賓對廖與黎聚詔裳貌賑數散歉歌郗部郡颯翟逑造速綮緊 兢嘗團圖爾監疏齊鼻幣罰熙舞

十五劃

金	木	水	火	土	
銳鋅鋤鋒鋊鋪鋇銲鉉鋏銻鋁鍋鋀鋃錡鋙鋨鋘鋯銶鋎鋉鋞鋑鋓鋡醃醅醉醄奭	椿樛楛槭樀槫樠槮槶槻槦樞標樣樓樅稹稼稽稻稿樅葡蒂葉葛葺葳葯萵萼葎	澟演漢漁漲滯滴滿漾漩滲漎漓漉漙漈漊滽漚漮魴魶魰魨郭霆霅聧穎頞	輝熯熰熩熝熤暲暷腰腦腸腹腩腱腳輘輬輤輪輥輗輟駒駘駙駏駖駋駗駚駔嘹	墝墦墣墥墫墱墠墟墡嶝嶢嶓嶠磑磄碾確瑭瑢瑤瑳瑱瑰瑣嫹嬏嬈嬉審廣廛摧	鋕銲鋰銷鋗鉽鋠鋍鋌醇醂醀酲 槱槿樍樘樗槾樈槽樟梆稽稷葵萳葛葶蒠萱敬萩萍募董菠荷葫董萬惹範葦箱箔箑 篆逸遜閱糊 渃漳漕滸漹漸漫滵漤漜潡漟漯滌震逵遜逞進郢諄窪 熯熼熛熞瑩輚緣緗緦塹 墩增嶒嶗嶙嶕瑪瑮瑢瑧碧磔翔嶡嶔儂儀獄 儉儈僾愉慪慵慷慣摑摘禐禘禕諏調諒論誼諍誕嬋嬌嬉嬁嫶緍緷緮緩線緎締編 練緬緯緯緞緲魄皚蝦蝸蝙劇剿劍彈慶敵敷毆歎毅皺盤窮窯舖蝕衛賢質賞賣賦部 鴉院鞍鞏養廝豎齡翩頫踐踦噘嘖膀墨魏愈慮魯颭誓盡獎

十六劃

五行	字
金	錝鋹銑鋷錤鋿錪錮鋼錦鋸錚錐錢錠鉼錣錸錧錈錸錧錏錝錔鋋鋺撳撙鍪諧遒
木	機橘橫橋橇樹樽橙橡樸榔橄樻橲檏樑穇穋積穆褫穄蓊蓄葮蓑蒼蓁蓆蓉蒜蒿
水	潔澄潯潺澌潡潰潑濊噴潰澒潬潏澐潿潤澌魺鮑鮎鮈儒學遊霓霏霎
火	燚燜燗燆燖熾燃燈燐燎嫶燏曊暻暲輳輹輯輎駢駮駣駧駱憬撚憮撫撮禓褌儘
土	墺壉壇嶮嶧嶬嶩嶰嶼磡磣磧碤瑛瑾璈璃瑽璀璇璆龍儔徵衡磬奮盧彊踾踹諯
	鍆錕錟錉錙錍錁錔錶錭錂鋟錞錳鍺錫錯錩錋醒醍醑醐憁 橞橔檂橈橦樴榜樾橪蓁蒔蓴蒸蒐蓄蒨節皇篤曆闍 潼澆達澔潓潦澇潽澛濕溜潠潗潗澗漪澍潘潢澎潮滏霖霍霂鮢冀 燒燉燔燌燋燔曉曈曀暾膦燊燊縈熹駭駐駢輶輻輮縉緻縧縑緣諰曇憨 壈墇瑪錟諲磨耨糕 儕儤叡嘯噯嬛嬗嬙嬡諼縝縐縑縊縞縥縚縛縭鄉繁縏縣諷諫諱諶諮諤諴諺諦謀噲 擒撕撲憚憛憒憫憍憯憓褞褣褫踏蹄踴鄅鄘鄂鄣頰頭頤頯親勳默黔趕嶭遂道違運 遑遇陰豫圜興舉瞞翮融羲瞥歙器戰整龜窺蝗聯麭餐

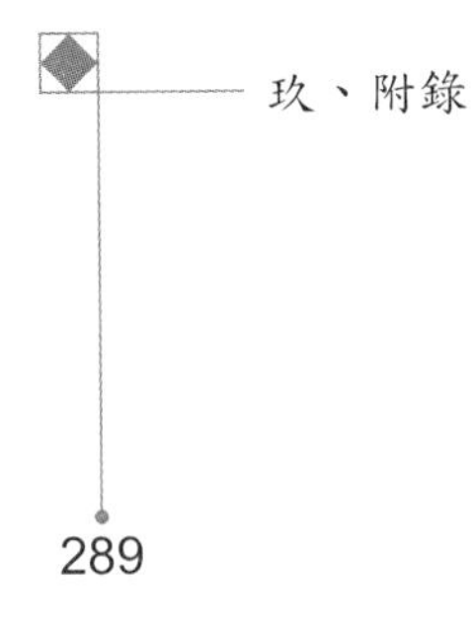

十七劃

金	木	水	火	土	
鍖鍼鍗鍏鍞鍎鍞鍔鍧鋾鍵鎡鍋鎪鍰鎂鍭鍍鍛鍜鍥鍬鍊鍤鍘醣醡醨鏊	檇樥檁樻檐橚檄榔樃檢檣檀檚槌檥櫛蕆檅黃蔍蓰蒤蔚蓮將蔔蓴蔘蔬蓼簂簇	激濃澱鴻澠濇澳潞濂澹澦澴澭濾濎濊濟濤澰遜遘霞霒鮫鮦鮡鮥鮢毆颱孺	熽燱燠燦燭爔燰燬燴燭熲曙曖曦膝騁駺駴駷駸駶駻騃駿轀輾陽隄憶應懇聰	壕磴磾磺磯磭磻礄磽璞璜璘璚璣璐嶺嶽壑獬懌擇擂隆隈隅陶禧螳螺豁谿趨	鍾鍇鍺鍷鍡鍉鍑鉎鍒鍹鍕鍻鍱鎃鏟 檡檉檍櫺橿檜模橞橦橈穛蔓蔦蓴蓿慕暮蒲蒞蒗蓀蕧蔤蔑蔫懋簣箾檗罾罣罷遞 澤澼澡澾潔澥澮澣濐澺澸潷澀潤澧鮑鮒鮮鮭鮚霙霜霈霂宵嬬 燡燥暱暵朧轃轅駐駝騂騄糈鞜罄懋縵縯嬅縪繙辤爵 壖壙嶸磲礁磽璟璔轂儲羭繇磬牆遠遛遙 優償儆擒擁撿擅擔儉懊隃隬隊階鄖鄔糟禪褶機襁講謙謝謓謅謏謚謠諻嬭嬪緰總 績縩縰縱縼縿謬縷縲綜縮縹館餞瞵瞪瞰瞬購賺賽蹇贅螯韓韔齋襄嚎嚏歜斂闌闊 闌闟擊頫氈獨瞥矯翳聳臨跡鄉爺鬠罹蹈彌鞠鴆禦麋龠壓懃黛黜點黝勵厲虧膚

十八劃

五行	字
金	鎖鎮鎌鎗鎔鎘鎊鎛鎬鎵鎢鎰醪醥醧醫醬覆雞竅蹜鞦癖皦
木	檻櫂櫅檬檷櫃檳穠穡穢糧蕡蕈蕬蕢蕎藏蕃蕨蕁簥簣簞簧簠簰簦簨褡諾鵚髁
水	濠闊濕濡濟濢濱澶澀濮濩濫濬濔適違鮶魮鯀鯆懦擩竄鄠鵜颮
火	爁膳膴膩膝膦駢騑騋騎騏騙轆轇轉輸顫撤擰嬣鞨鞮鞘繒繐織繚韙題違蹧
土	壙擤擣懤環璦璫璐璵璩蟥蟠蟢蟯謹蹟蹕翹謦鼇闓旛嬏繙壘艟贄覲鄞隗顒顓
	鎦鎧鎷鍠鍚鎴錆錯銷錵鎣鎣鏊 櫷槤檮檯櫂檸檽穠糧蕪蔄蕧蕙蕊蕉蔫蕞蕈蕘蕫蕔蕤蕃蒴蕺蕓𦶢簡簪馥闊廓 濰瀔濤澣澈潲濚漣濜濦瀑溱濞濯濘鴻鯁鯉鯀霟霌霤鼬鼫 燦爆燽燻燼燿曜曛膨膰膵膮轉騅隍諭謂諝靛靜 璪璨璯環瑯礌礎璧繞墥 覷懥懠擱擬擠擦擯禮禨襆獮獯踰蹡蹤蹢蹛蹻蹣蟬蟪謬謫謳歸瞿瞼瞻蟲聶豐闔闐 闕闖屩癜雛雜戳覷貙蟨蟞軀鬆瞶鵠斷歟翺鄙鄘鄜隕隘隔顏額顎夔觴黠嚕燾黟魏 榮織繕繙繢繑繐邀遭遮適雙叢鞭韃餱餿颼脾

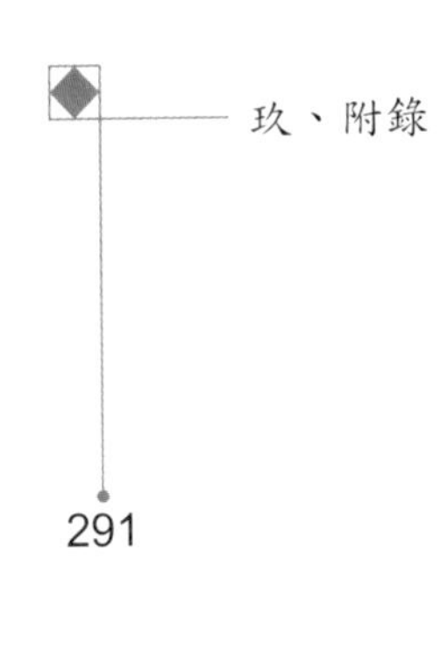

十九劃

五行	字
金	鏒鏤鏃鏂鏘鍛鏹鏮鏑鏢鏞醭醱醯鶇蹲遵鄭願辭瓣霰繳鏖鎜
木	櫟櫚櫞櫥穩穧薡蕗薁蕹薆薛薉薪藁薔薙蕹薟薨蕻檞蕭薝簷簫簾簸鶇譯繹繰
水	瀉濺瀊鯨鯫鯕鯙鶉遴遺遹霧霩霪霨灖豶豷蘽
火	爊爕曠臆膽臉膿臄膾膱騝騑颿騣騢騧騆輣轎轔臀膺鵲幰蠍譜識譙譖鄦鄫蹭
土	壚壢礙璸璿璾瑻疇禱廬獸壐壟蟷擅懭獷擴擷嚭餽齁疆繮繹譆譊趫趬蹺蹯鄱
	鑌鏠鏗鏝鏡錨鏜鏍鑵錘醰醮臂鏊 櫑櫝櫓穩薈蕾薜薐薑薙薇蕔薣薯薏薅薵薊懃檠蕩擎籀簰簞選懞模 瀇灤瀆瀘濾瀫瀠瀌鯊瀏瀋澫濺滌瀶瀅鯚鮭鯛鯪鮪鰡鯧鯤鯰霦霙 爌爅爍曞曠臃臊曄騥騤轆繶繪繯繸繡魈 壜瓀璉壘遶遲陲殰犢魋壓勵 擻擄擾懫懂禰襜襛襖鄹鄯鄧鄲鄰際隙遼遵遷導蠉蟻蠊蟾蟺蹴蹻蹶蹼蹬譏譎證譚 瞫嚬嚥餼離難韜韞類顛麑麒贊覺勸癡簽繫翾翽礮鬋麗艤氌鶴鏨獵蟹

廿劃

金	木	水	火	土	
鏻鐙鐏鏷鐍鏺鐨鐀鐖鐌醴醵醲瓣譬	櫟櫬櫪櫨薺薾舊藐藏薄藍籃簿纂礬譟懞糰糙	瀧瀕瀨還邂遽霪繻蠕襦蠔	爔曦曨臍臏轘轗轞騶騷騵懸黨贏餬饅聹鶻鷍騫	壤壞巉礦礫礪礩礸瓃瓊璱璡觸竇鞺鐽壘礨隢墜攏罌	鐠鐐鐔鏰鐎鐟鐒鏸鏜鏶鐃鐘鐇鐓醷醰醛 櫳釋薷葵藎薴薰藉薹藹蘊藺藪藜氋薦蓮篷籀籍籔籌鄴羅謨獲 瀝瀑瀠瀿瀘濛濩濨過鰆鰒鰋鰓鰍鰈霢艦 爐燧矇皪臑臎鬚騮鶩蠑縺懨遯 礫瓅璬懲 嚴攖撻糯懞懷懶獺襤獻競覺觸闡闞嚷孃繼孀繽縫麵癢謙譫議躅嚶旟罌馨謨黥黦 黨黧纁避邀鷔飄

廿一劃

金	鑴鐻鐶鐮鐲鏽鐬鍰鐱錒鎚辯闢
木	櫻櫸欄欃攙藝薑万藥籙蠢饌蝶譁
水	瀰瀾瀲瀼瀹邃邈邇露霰霮襚
火	爝爙爛曠鵬騂驅驂驃驄轋轍轞轟鶯鶴騫轂顥鬘鬍鬚囊囀髏贐
土	瓏礱寵巋巍饒饎續纊儺儸趯譸躊躍顧寶癥羸礞
	鐸鐺鐳鐿鏁醺醹檽穟穫矱藕藝蕢薾藒藟薸羆瀸瀺濡濿鰭鰨鯖鰉霹驩驆騽騾鷙纍 儷攘擺殲譽邇獮囁蠡覽躇躋饋饑險隩隮鄹鶵黯纊纆魔譅屬蠘

廿二劃

金	鐵鑑鑇鑈鑌鑗鐓鍚鑅鏵鑏鏈鑒嚼
木	權櫭穰慒藶蘊藺蔭蘄蘋薌勸蘅藩藿藹蘇藤蘆薹蘗蘩薖薘籚籟龢
水	灑瀛霽霰霾鰻鱈鰾鰷鰹鱆艨蠓
火	朧臚騰朦臞驎驓驔騲驕驍驐驌蠁響鷩鷓鷗婧羸鬅
土	龔聾襲疊巔巒艫酈韁礵礤礪瓔瓖攜讄譒讀窿襱
	籠籛灌轕轀轢躒躓躔蹦囊擿攝襯邊邁鬢贖顫懼懾纑鑪艫懿韣隬隮隱隰儻儼癬癭 彎孿鷙饃

廿三劃

金	鑛鑕鑞鑢鏷
木	欐欏欑欏蘿蘭蘘蘠蘀藻薳籤籜欒纔麟
水	灘灑瀌瀟灃霸霏鱘鱔鱗韅
火	曬驗驌驛轣轤鷩讌戁體
土	巑巗巖
	鑥鑠蘚蘗鱒鬟顯纖纓戀攣黴儽麟攢攦襪蠛巇蠣糲聽

廿四劃

金	鑫鑨鑪鑩鑊鐩鐹釀
木	虉蘶籚攞欏歡羈鬮虀囈
水	灌靈靂靄鱧
火	爟驟贛驖驊
土	瓚礸隴
	矗衢蠷鬢鷺讖讓豔酆醻

※想瞭解字義可參考陳哲毅無師自通姓名學字典

國家圖書館出版品預行編目資料

陳哲毅教您取好名開福運／陳哲毅著.
－－第一版－－台北市 宇河文化 出版；
紅螞蟻圖書發行，2003〔民 92〕
面　　公分，－－(Easy Quick；28)
ISBN 957-659-352-2(平裝)

1.姓名學
293.3　　　　92003291

Easy Quick 28
陳哲毅教您取好名開福運
作　　者／陳哲毅
發 行 人／賴秀珍
榮譽總監／張錦基
總 編 輯／何南輝
文字編輯／林宜潔
美術編輯／林美琪
出　　版／宇河文化出版有限公司
發　　行／紅螞蟻圖書有限公司
地　　址／台北市內湖區舊宗路二段 121 巷 28 號 4F
郵撥帳號／1604621-1　紅螞蟻圖書有限公司
電　　話／(02)2795-3656（代表號）
傳　　真／(02)2795-4100
登 記 證／局版北市業字第 1446 號
法律顧問／通律法律事務所　楊永成律師
印 刷 廠／鴻運彩色印刷有限公司
電　　話／(02)2985-8985・2989-5345
出版日期／2003 年 4 月　第一版第一刷

定價 280 元

ISBN 957-659-352-2　　**Printed in Taiwan**